世界の
マネージョーク集

笑って学ぶお金とのつきあい方

早坂 隆

ノンフィクション作家

783

中公新書ラクレ

はじめに

古今東西、お金にまつわる格言や逸話は少なくない。

「財布が軽ければ心は重い」

とはドイツの詩人、ゲーテの言葉。その逆の「財布が重ければ心は軽い（A heavy purse makes a light heart.）」という表現も英語圏などではよく用いられる。また、イギリスの文豪、サマセット・モームはこう記す。

「金だけが人生ではない。が、金がない人生もまた人生とは言えない。十分な金がなければ、人生の可能性のうち半分は締め出されてしまう」

日本にも興味深い話が多くある。

例えば、歌人としても有名な良寛和尚の話。とある夜、良寛和尚の庵に一人の泥棒が押し入った。良寛和尚は寝ている。しかし、庵にはお金はおろか、金目の物一つない。困った泥棒は、良寛和尚が今まさに寝ている布団を強引に持っていこうとする。すると良寛和尚は自ら寝返りを打って布団の外に転がり出た。泥棒に布団をあげるためである。

この逸話、もちろん含蓄のある人生訓として読める。号を「大愚」と称した良寛和尚は、なるほど奥妙《おうみょう》なる僧侶である。しかし、率直に言って、この話に関しては首を傾げる方も少なくないであろう。ちなみに中東のレバノンには、こんな諺がある。「誰もがベッドの上で毛布を自分のほうに引っ張る」。

他方、大泥棒として名を馳せた石川五右衛門の辞世は、以下の通り。

浜の真砂《まさご》は尽きるとも世に盗人《ぬすびと》の種は尽きまじ
こちらは達観した人間観や社会観の機微がじわりと滲み出ていて、共感を覚える方も多いのではないか。むしろ良寛和尚の話よりも、滋味深さを感じる人もいるであろう。

良寛和尚と石川五右衛門、どちらの生き方が正しいかなどといった野暮を言うつもりもないが、もしこの二人が遭遇したら何が起きるだろうと想像してみるのも面白い。二人が実際に生きた時代は異なるが（石川五右衛門のほうが二〇〇年ほど前の生まれ）、もしも良寛和尚の

はじめに

俺に石川五右衛門が盗みに入ったとしたら？

正しさとは何であろう？　友か悪魔か浮世銭。悪いのは人かお金か。アメリカの政治家、ベンジャミン・フランクリンはこう述べる。

「金は良い召使いでもあるが、悪い主人でもある」

一枚の銅貨にも必ず表と裏がある。

お金にまつわる話への興味は、やはり尽きまじ。

私はこれまでに五〇カ国ほどをウロウロとしてきた。そして、ノンフィクションの取材の合間に、各地のジョークや小噺をいろいろと収集してきた。そんな中で、どこの国においてもお金にまつわるネタはとても人気があることを知った。言語や宗教、肌の色は違えども、お金に関する笑いに触れれば、みんな似たような顔をして笑う。日本の落語にも、お金に振り回される人々の姿を笑う噺が少なくない。

お金や物欲、あるいは社会経済の動きといかに折り合いをつけていくかは、生き方における大事な課題である。「働き方」は生き方の骨子。年金をはじめとする社会保障への不安も尽きない。お金とは人生の中で誰しもが真摯に向き合うべき不可避のテーマの一つであろう。

近年、日本では「国民の金融リテラシーの向上」が国家戦略にさえなっている。

そんな社会の空気を反映して、書店にはお金にまつわる書籍がズラリと並んでいる。「お金持ちになる本」「お金で成功する本」といった内容の本が読者の興味をそそるのは当然のことであろう。

そのようないわゆる「マネー本」の中で、本書はいかにも異色である。「ジョークや小噺を通じてお金のことを楽しく学ぶ」というのが本書の狙いであるが、多彩な他書と比べてもかなり風変わりな本と言えよう。本邦初の試みかもしれない。

本書ではお金そのもの、あるいはお金にまつわる人間の言葉や行動を風刺し、それらを笑い飛ばしながら、知識や知恵、教訓などを学び取れるような、そんなつくりを目指している。お金や経済に対する思考の配線が増えれば、人生の織り糸も豊かになるに違いない。世は「一筋縄」ではいかない。

また、ビジネスの場面においても、気の利いたジョークは必須である。とりわけお金にまつわるジョークはビジネスを前に進める最良の潤滑油となるが、残念ながら多くの日本人が苦手としている部分でもある。「真面目一本」には弊害や脆さもある。

たかがジョーク、かもしれない。しかし案外、小難しい経済書や指南書よりも、お金の正体をあぶり出すことができるかもしれない。世の中、気軽なユーモアの中にこそ、新たな発見や学び、真実のかけらのようなものが転がっているものである。

見栄に欲望、弱さに業《ごう》。ジョークや小噺は、時に人間性や社会の本質を鋭く突く。人や世の化けの皮を剝ぐ。

浮かび上がるのは他人の醜態か、それとも我が身の錆《さび》か。

人生の損益分岐点はどこにある？

笑って損はないであろう。

目次

◎印のついたものは解説です

第１章「働き方」を笑い飛ばそう

第2章　経済をユーモアで

第4章　ギャンブルは是か非か

第5章　お金を巡る罪と罰

イラスト／つだゆみ
本文DTP／市川真樹子

世界のマネージョーク集

笑って学ぶお金とのつきあい方

序章

お金とは何か？

【誕生】

●貝殻

昔々、まだ人間社会が物々交換によって成り立っていた頃の話。

とある男が肉を食べたいと思ったが、交換するような物を何も持っていなかった。そこで男は海岸で貝殻を拾ってきて、肉の行商人にこう嘘をついた。

「この貝殻はとても価値がある。どこでも何とでも交換できるぜ」

「なんと！　それはすばらしい！」

男はこうして貝殻と肉を交換するこ

とができた。

　翌週、男は着る物をほしいと思い、また貝殻を拾ってきた。男は服の行商人にこう嘘をついた。

「この貝殻はとても価値がある。どこでも何とでも交換できるぜ」

「なんと！　それはすばらしい！」

　男はこうして貝殻と服を交換することができた。

　男はその後もたびたびこの手を使った。

　数年後、この貝殻は「お金」と呼ばれるようになっていた。

教科書の記載も変わる「お金」

　この小噺、実はまったくの作り話とは言えないかもしれない。なぜなら、お金の起源に関して、「今から三〇〇〇年ほど前の中国では、インド洋沿岸などで採られる宝貝をお金として用いていた」という話があるからだ。なるほど、考えてみれば、お金にまつわる漢字には「財」「貯」「貨」など、「貝」の付く字が多い。

　世界で最初に金属貨幣を鋳造したのは、紀元前七世紀頃、アナトリア半島（現・トルコ）

西部に存在したリュディアという国家だったとされる。「エレクトロン貨」と呼ばれるその金銀合金製の貨幣は、ギリシアやペルシア帝国にも広く流通したと言われている。

英語の「マネー（money）」の語源は、ラテン語の「モネータ（moneta）」。紀元前ローマ時代、女神「ユーノー・モネータ」を祀る神殿に貨幣鋳造所が併設されたことに由来する。この「モネータ」という言葉は、「警告する」「忠告する」といった意味を持つ「モネーレ（monere）」に由来し、「モンスター（monster）」という言葉の語源とも言われる。モンスターには「怪物は神からの警告」という意味が含まれているという。「マネー」と「モンスター」の語源が同一だと考えると、なかなか意味深長である。

日本の場合はどうか。金属としての「金（かね）」という言葉の語源は、「叩くとカンカン鳴るから」などの説があるが、貨幣としての「金」の語源は「何でも兼ねるから」という説もある。詳細はわかっていない。

では「日本最古のお金」は何か。私が子どもの頃、学校の教科書には「日本最古のお金」として「和同開珎」と記されていた。七〇八年に鋳造されたというこの貨幣は、秩父産の自然銅が原料とされる。

しかし、今やこの和同開珎も「日本最古」ではないらしい。現在の「中学社会」などの教科書には、六八三年頃につくられた「富本銭《ふほんせん》」が日本最古の貨幣として記述されている。円形の中央に方形の穴が空いた形状で、原料は銅とアンチモン。『日本書紀』の天武十二（六八三）年四月の条には「今より以後、必ず銅銭を用いよ」との一文がある。ただし、この富本銭もどこまで広範囲に流通していたかについては議論がある。結局、「日本最古のお金は何か？」という素朴な疑問にさえ、私たちの歴史学は十分に答えられていない。

お金の誕生が「一人の男の嘘」から始まったものだとしたら、なんとも痛快なのだが。

●窓と鏡

とある学生が教師に聞いた。

「先生、教えてください。世の大富豪たちは、私たち庶民に対していつも無関心です。なぜでしょうか？」

教師が答えた。

「窓の外を眺めてみなさい。何が見えますか？」

「二人の女性が歩いています。それから三人の子どもたちが遊んでいるのも見えます」

「では次に鏡を見てみなさい。何が見えますか？」

「私しか見えません」

「君は鏡が何からできているか知っていますか?」

「確か、ガラスの表面に銀などを付けたものでは?」

「その通り。つまり……」

教師が続けて言った。

「物も人も、金目の物が付くと、自分しか見えなくなるんだ」

●鍵

人々は言う。「お金は幸せへの鍵ではない」と。

しかし、実際、どうであろう。

お金があれば、鍵をつくることもできるのである。

時は金なり?

古代ローマ時代の政治家で哲学者でもあったルキウス・アンナエウス・セネカは、こんな言葉を残している。

「わずかしか持たない者ではなく、多くを望む者が貧しいのである」

後にローマ皇帝となるネロの家庭教師を務めたことでも知られるセネカは、その生涯を通じて無欲の尊さを説いたが、そんな彼が実は「大富豪」であったという史実はいかにも味わい深い。実生活におけるセネカは、高利貸しにも精を出した「金満政治家」だったとも伝えられる。そんな彼は、暴君となったネロの命令により、最後は自決に追い込まれた。

アメリカの著作家であるガートルード・スタインの言葉の中には、以下のようなものがある。

「幸福はお金では買えないと言った人々は、どこで買えばいいか知らなかったのだ」

英語には「Time is money.（時は金なり）」という有名な表現がある。英語圏ではこの他に「Money is power.（金は力なり）」という言葉も用いられる。三段論法的に考えると「Time is power.（時は力なり）」ということになりそうだ。他方、イギリスの哲学者であるフランシス・ベーコンは「知識は力なり」と主張している。

日本には「地獄の沙汰も金次第」という言葉がある。これは英語の「金は力なり」に通じるものがあろう。

日本には死者の棺の中に副葬品として「六文銭」を納める習慣があったが、これは「三途

の川の渡し賃」。海外の人にこの話をすると、

「それはとても面白い」

といった反応が返ってくる。

考えてみると、「幸」という漢字には「¥」という記号が含まれているようにも見える。

これはもちろん「こじつけ」に過ぎないが、なんとも皮肉な幸福論にも映る。

だが、やはり俗界は一筋縄ではいかない。

「¥」は「辛」という字にも入り込んでいるのである。

●年金生活者の定義

問い・年金生活者とは？

答え・「時は金なり」の呪縛から解放された人たちのこと。

●お金のなる木

母はいつも言う。

「お金のなる木などない」

と。しかし、僕は思う。

紙幣は紙からできており、その紙は木からできているのではないか？

第1章

「働き方」を笑い飛ばそう

【働き方】

●働き方次第

中途採用の面接に来た男が、面接官に聞いた。

「給料はどれくらいもらえるのでしょうか?」

面接官が答えた。

「それはあなたの働き方次第ですよ」

男が言った。

「じゃあ、あんまりもらえないってことか」

「働く」とは何か?

以下のような話がある。

同じ工事現場で同じ作業をしている三人の青年に、旅人が聞いた。

「君たちは何をしているの?」

一人はつまらなそうにこう答えた。

「レンガを積み上げているんだ」

一人は表情を変えることなくこう答えた。

「壁をつくっているんだ」

一人は目を輝かせながらこう答えた。

「大聖堂をつくっているんだ」

同じ仕事をしていても、意識の違いによって「やる気」も「モチベーション」も大きく変わる。組織としての効率にも歴然とした違いが生じるであろう。一流のビジネスリーダーは、この点のコントロールが実に巧みである。

次のような逸話もある。

ある人がお店をオープンした。しかし、町のいたずらっ子たちが、ふざけて店に石を投げてくる。そこで店主は子どもたちに、

「お金をあげるから、これからも毎日、石を投げてね」

と頼んだ。「石を投げないでね」ではない。子どもたちは当然、大いに喜んだ。

しかし、翌日以降、もらえるお金の額は日に日に減らされていった。

すると、何が起きたか。子どもたちは次第に石を投げなくなったのである。

もともとは自ら好んで「無償」で投石していた彼らの心理は、いつの間にか「お金をもらえないとやりたくない」という状態に変化したのだった。こうして事態は解決されたという。

この逸話、どこまで本当かは不明だが、「労働とは何か？」ということを考えるうえで示唆に富む話である。子どもたちの投石の目的は、いつしか「楽しい」から「お金」に代わってしまったのだろう。「遊び」が「仕事」になってしまったとも言えるだろうか。

自動車会社フォードの創設者であるヘンリー・フォードは、こう述べている。

「お金のための仕事なら、それは貧しい仕事だ」

なかなか耳の痛い言葉であるが、賛否はあるだろう。「この言葉を聞いたフォードの社員たちが何と言ったか」は気になるところである。

「好きなことを仕事にすると嫌いになる」とは、日本でもよく聞く話。だが、「好きなことを仕事にしたい」と考えるのも人間の自然な感情であろう。

こんな話もある。とある落語家の師匠が弟子に、

「おまえはなぜ落語をするんだい？」

と聞いた。弟子が、

「落語が好きだからです」

と答えると、師匠はこう言ったという。

「落語が好きだなんて、まだまだだねえ」

一芸を極めた人物ならではの奥深い一言である。

ところが、その一方、別の師匠の中には、

「何十年もこの世界でやってきたけど、やっぱり落語が好きなんでね」

と語る名人もいる。

どちらが正解ということでもないだろう。あるいはどちらも正解なのかもしれない。一流への道は一つではない。「働き方」も「生き方」も千差万別。「正解が一つ」と思うことこそ思考の硬直であろうが、それをほぐすのにもユーモアは役に立つ。

●地獄の異変

人手不足に悩んでいるのは地獄も同じだった。悪魔たちは朝から晩まで罪人たちの舌を抜いたり、鉄棒で叩いたりしていたが、とてもではないが働き手が足りなかった。そう、地獄はそれだけ多くの罪人たちで溢れていたのである。

そんな中、一人の天使がせっせと火を起こしたり、薪をカマドにくべたりしていた。新入りの罪人が悪魔に聞いた。

「あの天使はなんですか？」

悪魔が言った。

「天国からの派遣だよ」

働き方改革とは？

「働き方改革」と言われるようになってすでに久しい。

「働き方改革実現会議」が発足したのは、第三次安倍晋三内閣時の平成二十八（二

〇一六）年。同年、「働き方改革担当大臣」も設置されている。初代大臣は自民党の加藤勝信氏。「懐かしのクイズ問題」として出題されたら超難問となろう。

働き方改革が掲げられた背景には、労働人口の減少や、労働生産性の低下といった問題があった。具体的には「長時間労働の是正」や「多様で柔軟な働き方の実現」などが目指された。

それでは、ここで問題。平成二十九（二〇一七）年に導入された「月末の金曜日は早めに仕事を終えて幸せに過ごす」というキャンペーンの名前は？

答えは「プレミアムフライデー」。

やはり、なかなかの難問である。

●二人の道

かつて大金持ちになることを夢見て二人で起業したジョニーとサム。しかし、会社はあえなく倒産し、二人はそれぞれの道を歩むことになった。

数年後、ジョニーが場末の食堂で夕食をとっていると、いきなり給仕から声をかけられた。それはかつての相棒であるサムだった。ジョニーがため息まじりに言った。

「信じられない。君がこんな食堂の給仕をしているなんて」
それを聞いたサムが言った。
「信じられない。君がこんな食堂で食事をしているなんて」

コロナと働き方

日本では「一億総活躍社会」という言葉も生まれたが、その後の令和二（二〇二〇）年から始まった新型コロナウイルス感染症の拡大は、「働き方改革」をも直撃。もはやプレミアムフライデーどころではなくなった。

しかし、世の中とは皮肉なもの。人々の働き方を変えたのは、改革よりもパンデミックであった。

とりわけリモートワークは一定の割合で定着。「ワーク」と「バケーション」を組み合わせた「ワーケーション」なる造語も広まった。働き方の多様性は、以前よりも進んだように見える。

それでも無論、「コロナ前とほとんど変わらない」という声もよく聞く。私がお世話になっている編集者さんの中にも「在宅勤務が増えました」という人と「前と一緒です。毎日、超満員の通勤電車です」という人がいる。

私たちの「働き方」は、どこまで変わったのだろうか。

もしかしたら数年後には、「ワーケーション」という言葉が超難問クイズの答えになっているかもしれない。

●床屋

社長がグウタラ社員を怒鳴った。

「この一時間、おまえはどこへ行ってたんだ？」

「床屋で髪を切ってもらっていました」

「床屋？ 勤務時間中に床屋へ行くなど言語道断だ。わかったな？」

社員が不満そうに答えた。

「でも、髪は勤務時間中にも伸びているんですよ」

【会社】

●メール

　とある企業。秘書が社長に言った。

「社長、私も今回の事案について、ちょっと考えてみたんですけど……」

　すると社長がいきなり怒鳴った。

「おまえは何も考えなくていい。おまえの仕事は私の言うことをそのまま文字にしてメールすること。それだけだ。余計なことをするな。わかったな」

「はい。わかりました」

「では早速、これから言う通りメールしてくれ」

　その後、その企業の大事な取引先の社長であるゴールドバーグ氏のもとに届いたメールには、以下のように書かれていた。

　親愛なるゴールドバーグさま

いいか、スペルを間違えるなよ。ゴールドバーグの野郎は細かいことにウルサイからな。まったくあの気取ったブタ野郎と言ったら。

で、こう書け。貴殿のお問い合わせの件ですが、と。おい、常務、あの部品はいくらだったっけ？　一五〇〇ドル？　ＯＫ。では、こう続けろ。弊社の見積もりによりますと、お問い合わせの部品の価格は三〇〇〇ドルでございます。これでも最大限、安く見積もらせていただきました。どうかよろしくお願い申し上げます。と、まあ、こんなところだな。あとは適当にお世辞でも書いておけ。あの野郎、たっぷり搾り取ってやる。

●課長の苦悩

課長が新入社員たちを連れて、お酒を飲み

に行った。新入社員たちはビールやワインをどんどん飲みながら、

「給料が安い」

「職場環境が悪い」

などと大声で叫び、上司の悪口を次から次へと言って笑った。やがてそんな新入社員の中の一人が言った。

「うちの社長がもう少し賢明だったら、この会社も良くなるのになあ」

それを聞いた課長が、大きくうなずいて言った。

「おまえたちの言う通りだ」

新入社員たちは喜んで言った。

「そうですよね、課長！」

「ああ」

課長が続けた。

「もう少し社長が賢明ならば、こんな新入社員など採用しないだろうに」

渋沢栄一と稲盛和夫

「日本の資本主義の父」と言われる渋沢栄一は、こんな言葉を残している。

「たとえその事業が微々たるものであろうと、自分の利益は少額であろうと、国家必要の事業を合理的に経営すれば、心は常に楽しんで仕事にあたることができる」

渋沢は日本に株式会社（合本組織）の仕組みを導入し、近代日本の礎をつくった。渋沢が設立に携わった企業は帝国ホテルや王子製紙、サッポロビールなど、実に五〇〇以上にも及ぶ。世界的な経営学者であるピーター・ドラッカーは、渋沢についてこう称賛している。

「私は、経営の『社会的責任』について論じた歴史的人物の中で、かの偉大な人物の一人である渋沢栄一の右に出るものを知らない」

渋沢はこんなことも言っている。

「お金は仕事をしたあとのカスだよ」

そんな渋沢は令和六（二〇二四）年度から一万円札の図柄となる予定。やや皮肉めいた展開で面白い。

京セラやＫＤＤＩの設立などで知られる稲盛和夫は「心の経営」を重視した。稲盛は「人生や仕事の結果は、熱意と能力と考え方の掛け算である」という「人生の方程式」を提唱。このユニークな式のポイントは、熱意と能力は「ゼロ〜プラス一〇〇点」までなのに対し、考え方には「マイナス一〇〇〜プラス一〇〇点」まであるというところ。つまり、考え方が悪ければ、いくら熱意や能力があっても結果はマイナスに転じてしまうという建て付けになっている。

稲盛は常に「動機善なりや、私心なかりしか」という言葉を自問自答しながら経営に臨んでいたとされる。稲盛は言う。

「世のため、人のために生きることが、人間として最高の生き方である」

稲盛の経営哲学は、中国や韓国でも多くの共感を呼んだ。

そんな稲盛も令和四（二〇二二）年八月二十四日に逝去。しかし、今後も「稲盛イズム」は多くの人々に継承されていくであろう。

●成功の秘訣

とある大企業の社長に新聞記者がインタビューした。

「成功の秘訣はなんでしょうか？」

社長がゆっくりとした口調で話し始めた。

「まずは努力。私はこの会社に一新入社員として入社しました。なんのコネもありませんでした。そこから這い上がってきたのです」

「なるほど」

「そして能力。やはり努力だけでもダメなのです」

新聞記者はメモを取りながら、こう聞いた。

「努力と能力。これが成功の秘訣なのですね」

社長はにこやかな笑みを見せてから答えた。

「あとはやっぱり運もありますね」

「なるほど。運も大事ですか」

社長がうなずいてから言った。

「ええ。本当に私は運が良かったですよ。会長の娘さんと結婚できるなんて」

●事業の基本

小学生のジョニーは、夏休みに公園でコーラやレモネードを売ることにした。ジョニーは父親に言った。

「ネジ回しを貸してほしいんだけど」

「ネジ回し？　なぜそんなものが必要なんだい？」

ジョニーが答えた。

「まずは水飲み場の水を止めなくちゃ」

●金庫

社長が会計係に言った。

「おい、金庫を開けっぱなしにするなと言っているだろう！」

会計係が答えた。

「でも、どうせ金庫の中は空っぽなんですよ」

社長が首を横に振りながら言った。

「だから言っているんじゃないか」

●来客

トムは新たに会社を立ち上げた。真新しい事務所の椅子に座り、彼は喜びをゆっくりと噛み締めた。

するとすると事務所に一人の男が入って来るのが見えた。初めての客である。なめられてはいけないと思った彼は、固定電話の受話器を取って大事な商談をしているように見せかけた。

「例のプロジェクトはそのまま進めてくれ。こちらとしては一〇万ドルほど準備しておくから。責任はすべて私が取るからね」

トムは受話器を置き、来客に向かってこう言った。

「お待たせしてすいません。それでご用件は？」

来客が答えた。

「固定電話の開通工事に来ました」

●面接試験

とある企業で面接試験が行われた。

面接室に入ってきたのは、三人の女子学生だった。社長同席のもと、部長が三人に聞いた。

「君が一〇〇万円を手に入れたとしたら、どうするかね？」

一人目の女子学生はこう答えた。

「貯金します」

二人目の女子学生はこう答えた。

「投資に使います」

三人目の女子学生はこう答えた。

「寄付したいと思います」

面接は無事に終了した。部長が社長に言った。

「三人ともそれぞれ優秀ですね。一人目は堅実、二人目は積極的、三人目は公共心がある。あとは社長がお決めになれば良いと思います」

「うむ、わかった」

後日、採用されたのは三人目の女子学生であった。部長が社長に言った。

「良いご決断だったと思います。最後の決め手はどういったところでしたか?」

「三人とも合格基準以上だった。しかし、三人目の子が一番……」

「一番?」

社長が答えた。

「胸が大きかった」

●違い

職場のハラスメント防止セミナーで、一人の社員が講師に聞いた。

「ハラスメントと冗談の違いは？」

講師が答えた。

「一〇万ドルです」

【給料】

●リンゴ

スーパーマーケットで男が買い物をしていた。男はリンゴを四つ持ってレジに向かった。すると従業員の女性がこう声をかけてきた。

「リンゴを四つお求めでしたら、袋に入ったセットのほうがお得ですよ」

それを聞いた男は、にわかに眉間に皺を寄せて怒鳴った。

「おい、このエゴイスト！　余計なことを言うな！」

従業員の女性は驚いて聞いた。

「なぜそんなことを言うんですか？　私はあなたのためを思って言ったのに」

男が答えた。

「よく考えろ。その一言のせいで、おまえの同僚の給料が減るかもしれないんだぞ」

●苦労

男が中途採用の面接を受けた。面接官が聞いた。

「あなたはこの仕事の経験がないということですが、その割にはご希望の給料が随分と高いようですね」

男が答えた。

「ええ。当然でしょう」

「なぜでしょうか？」

男が言った。

「そのぶん、人よりも多くの苦労をしなければならないのですから」

給料と塩

「給料」を意味する「サラリー（salary）」という単語の語源は、古代ローマ時代のラテン語で「塩」を意味する「サラリウム（salarium）」。これはかつて、給料の一部が塩の塊で支給されていたことに由来すると言われる。

私は以前に二年ほど東欧のルーマニアに住んでいたことがあるが、ルーマニア語で給料は「サラリウ」、塩は「サーレ」。ルーマニアは二世紀頃に古代ローマ人がダキア人を征服して生まれた国であり、国名のルーマニア（現地での発音はロムニア）は「ローマ人の土地」という意味である。つまり、ルーマニア語はラテン語が元となっており、イタリア語にも近い。給料と塩の語感が近いことは、「お金とは何か？」を考える上で興味深い。

ちなみにルーマニアでは、

「日本での月収はいくらだった？」

などと、お金に関する質問をよく投げかけられた。私が苦笑しながら、

「日本では他人に給料の額を聞くことはあまりしない。だから私は親友や父親の月収も知らない」

と答えると、多くのルーマニア人たちは驚いた表情を浮かべ、

「なぜ？」

とさらなる質問攻め。

「日本で他人に月収を聞くことは、失礼にあたる場合がある」

と返答しても、

「どういう意味？　よくわからない」

といった反応であった。お金に対する感覚に随分と差があるように感じた。

日本人には「お金の話」を「汚い」「下世話」ととらえる感覚が一部にあるようだ。日本の「金融教育」の進展の遅さには、こういった事情も垣間見える。

お金や給料の元は「貝」だったり「塩」だったり。さらに言えば、日本では江戸時代まで、米が貨幣代わりの役割を果たしてきた。

これらは不思議なことのようにも感じるが、考えてみれば今のお金（日本銀行券）は「紙」。日本の一万円紙幣の原価は、わずか二二〜二五円ほどとされる。

それどころか、今やお金は通帳やスマートフォン内の「数字」でしかなかったりもする。お寺や神社のお賽銭も、電子マネーでできる時代である。令和五（二〇二三）年の春からは、

スマートフォンアプリなどによるデジタルマネーでの給与振り込みが解禁される予定となっている。

お金の正体とは多面的なものなのか、それとも自在に姿を変える「もののけ」のようなものなのか。

一つ言えるのは、そこに求められるのは「信用」ということである。信用が低下すれば悪性インフレ（インフレーション）となり、ゼロになればお金は本当に「ただの紙」「ただの数字」となる。

言わば、お金とは「信用の化身」のようなものなのかもしれない。

●ストライキ

アメリカで教員たちによるストライキが起きた。大統領が側近に言った。

「教員たちの給料をあげてやれ」

フランスで鉄道職員によるストライキが起きた。大統領が側近に言った。

「鉄道職員の給料をあげてやれ」

ロシアで教員や鉄道職員らによるストライキが起きた。大統領が側近に言った。

「特殊部隊の給料をあげてやれ」

●希望

ロシア軍の中隊長が、一人の砲兵に聞いた。

「君は将来、どんな希望を持っているのかね?」

「私の希望はもっと稼ぐことです。今の給料では少なすぎます」

「しかし、給料の額は国によって決められているからな」

それを聞いた砲兵が言った。

「ええ。ですから、私はゆくゆくは大砲を自分で買って、独立したいと思っております」

●間違い

給料日、ジョニーの給料袋には、決められた額よりも一〇〇ドル多く入っていた。ジョニーは静かにほくそ笑み、そのまま懐に入れた。

翌月の給料日、ジョニーの給料袋には、決められた額よりも二〇〇ドル少なく入っていた。ジョニーは顔を真っ赤にして経理課に怒鳴り込んだ。

「人の給料を間違えるなんてとんでもない話だ。ちゃんと仕事をしろ！」

経理係が答えた。

「先月も私たちにはミスがありました。しかし、あなたはその時には何も言わなかったじゃありませんか」

ジョニーが言った。

「人間、誰しもミスはする。だから私は一度目は目をつぶった。しかし、二度目は許せないんだ」


【商売】

●革命

フランス革命時の話である。パリから地方に逃れてきた男が言った。

「パリでは大変なことが起きている。何百人という人たちが首を斬られているんだ！」

「そんな！　なんてひどいことを……」

そう言って膝から崩れ落ちた男は、帽子屋の主人であった。

●買収交渉

アメリカの鉄道会社のCEOが、先住民の族長と交渉していた。新たな路線を敷くため、土地の買収を持ちかけたのである。CEOが言った。

「一〇〇万ドルでどうでしょうか」

「ダメだ。三〇〇万ドルじゃ」

CEOが困った顔をして言った。

「しかし、このような荒野、他に何も利用価値はありません。畑にもできませんし、資源も出ませんよ」

族長が答えた。

「そうかもしれん」

族長は続けて言った。

「しかし、鉄道には良い土地じゃ」

●野菜売り場

一人の男がドライブ中に野菜の無人販売所を見つけた。男は値札よりも少ない金で、多くの野菜を持っていこうと考えた。

売り場の前には、一匹の犬がいた。男は犬の脇を通り抜け、野菜をいくつか手にして、支払い箱を開けた。すると、その中には血に濡れた一枚のメモが入っていた。そこにはこう書かれていた。

「気をつけろ。この犬はお金を数えることができる」

世界の珍商売

世界には驚くほどいろいろな商売がある。世の中は否応なく多様性に満ち溢れている。アジアの路上などでよく見かけるのが、「体重はかり屋」。道端に体重計を置き、その後ろに店主（?）が座っているのである。

二〇代の頃、初めてこの光景を見た時には、いささか衝撃を受けた。無論、日本とは桁違いの貧困に驚いたわけだが、同時に、

（世界はこんなに自由なのか）

と思考の窓が開くような気もしたのである。値段は日本円にしたら一回五円以下。このような商売をする人は、東欧などでも見たことがある。

移動系民族であるロマの人々の中には「熊使い」がいた。「ウルサリ」と呼ばれる彼らは、熊を使った大道芸で生計を立てていた。チェーンの首輪で繋がれた熊が音楽に合わせて踊る大道芸は、ルーマニアやブルガリアなどで人気があった。

そんな人々がいるかと思えば、世の中には「寝ているだけでお金がもらえる」という仕事も。二〇一九年、NASA（アメリカ航空宇宙局）は「六〇日間、ベッドに横になっているだけで約二〇〇万円」という求人を行った。これは重力の人体への影響に関する実験の被験者という内容。ケルンにあるドイツ航空宇宙センターで、被験者は食事も排泄もすべて横になった状態でやらなければならず、テレビや読書は認められるものの、筋肉や骨などの衰えは免れないということであった。結局、「濡れ手に粟」とはいかなかったようで、脱落者も出たという。

日本ではわずかな元手や労力で大きな利益を得ようとすることを「海老で鯛を釣る」と言うが、ドイツには「ベーコンを手に入れようとソーセージを投げる」という表現がある。ドイツではソーセージはどこにでもある存在。「私にとってはどうでもいいことです」という意味で「私にとってはソーセージです」という言い回しさえある。

ドイツのソーセージは美味だが、世の中、うまい話などそうそうない。

●野犬

とある男が「野犬を捕まえて売る」という商売を思いついた。男の妻が言った。

「そんな商売やめてよ。売れるわけがないわ」

「うるさい、黙ってろ」

数日後、男が妻に言った。

「おい、俺が捕まえた野犬、なんと一〇〇〇ドルで売れたぞ」

妻が驚いて叫んだ。

「まさか！」

男が言った。

「本当さ。相手は五〇〇ドルの野良ネコを二匹くれたぜ」

●セールスチャンス

サムは不動産業界で有名な一流のセールスマンだった。ある日、サムのデスクに間違い電話がかかってきた。

「おたくは哺乳瓶を売っているお店かしら？」

「いえ、違います」

「あら、失礼しました」

「構いませんよ」

サムは続けざまにこう言った。

「それはそうと、奥様はかわいい赤ちゃんの大切な将来のため、大きなお宅に引っ越す気はないでしょうか？」

●広告

その独裁国家では、自由な商売が禁じられていた。しかし、その男はニワトリ一羽を二〇ドルで売りさばいて大儲けしているという話だった。その噂を聞きつけた隣人がさっそく真似をして「ニワトリ一羽二〇ドル」と書いた新聞広告を出したが、すぐに役人が来て厳重に注意されてしまった。隣人は男に聞いた。

「あなたはどうして役人に注意されないのですか？」

「新聞広告を工夫するだけですよ」

「どのように？」

男はニヤリと笑ってから答えた。

「このようにするんです。『先日、街の公園で二〇ドル紙幣を紛失。見つけてくれた方には、お礼にニワトリを一羽お譲りします』」

日本にもあった珍商売

珍しい商売と言えば、日本も負けていない。

古典落語でもお馴染みだが、江戸時代には「ネコのノミ取り屋」や「耳そうじ屋」といった商売があった。

「ネコのノミ取り屋」はネコをお湯などでサッと洗った後、商売道具であるオオカミやタヌキの皮で包み込む。すると濡れた毛を嫌ったノミたちが、居心地の良さそうなオオカミなどの皮へピョンピョンと跳び移る。大半が移り終わったところで払い落として終了、ということだったらしい。

江戸時代の日本は「ペットブーム」だったとも言われ、文鳥や金魚を飼うことが流行ったとされるが、愛猫家も多かったのであろう。

「ネコのノミ取りましょう」

といった声が江戸の町に響いていたというから、穏やかな風情があって楽しげだ。

ちなみに先のジョークでは「広告」がネタになっているが、日本の広告にはユニークで秀逸なものが多い。古くは大正九（一九二〇）年、阪急神戸線が開業した際には、以下のような宣伝文句の広告が出て話題を集めた。

「綺麗で早うて。ガラアキで」

このキャッチコピーは、阪急東宝グループ（現・阪急阪神東宝グループ）の創業者である小林一三《いちぞう》自ら発案したものだとされる。今で言う「自虐ネタ」のはしりである。

また、平成五（一九九三）年には、東京の遊園地「としまえん」が、

「うらやましいぞ!! Jリーグ」

というコピーで笑いを誘った。同年はJリーグが誕生し、一大ブームを巻き起こした年であった。

そんな「としまえん」も令和二（二〇二〇）年に閉園。跡地には「ハリー・ポッター」をテーマとした体験型施設が開業する予定だという。

魔法の呪文のように、社会を明るくする新コピーに期待したい。「ガラアキで」とはならないように。

●美術館にて

美術館で一人の男が言った。

「最近の絵は、こぢんまりとした作品ばかりだ。もっと大きくて迫力のある絵を描ける画家はいないものかね。まったく困ったものだ」

その言葉を聞いた一人が言った。

「なるほど。確かにその通りですね。すばらしい見立てだと思います。失礼ですが、あなたは名のある批評家か何かですか？」

「私は別にそんなものじゃありませんよ」

「ではどんなご職業を？」

男が答えた。

「額縁屋です」

●余命

患者が医者に聞いた。

「先生、どうも体調が回復しません。もしかして、私の寿命は思った以上に短いのではないでしょうか？」

「いや、まあ、そんなに心配しないほうがいいですよ」

「しかし」

「大丈夫。気にしすぎないことです」

医者が続けて言った。

「あ、それからですね、今回から一応、支払いは一括でお願いします」

●酒癖

一人の男が医者のもとを訪れて言った。

「私はどうも酒癖が悪くて。お酒を飲むと、誰かれとなく財布の中身を配ってしまうんです」

医者が言った。

「心配するほどのことでもないでしょう」

「本当ですか？」

「ええ。重い病気などではありませんよ」

「良かった」

医者が言った。

「ですから、さあ、お祝いにワインで乾杯でもしましょうか」

●データ

生命保険会社のマネージャーが、新入社員に怒鳴った。

「おまえはなぜ、九七歳のジイさんなんかと契約したんだ！」

新入社員が答えた。

「統計データに基づいて契約しました」

「どういうことだ？」

新入社員が言った。

「データを調べてみますと、九七歳で亡くなる人の数というのは、とても少ないんです。九八歳だともっと少ないし、それ以上だとますます少なくなるんです」

●支援

有名な慈善団体を一人の男が訪ねた。男は団体の代表に言った。

「とある一家を助けてほしいのです」

「どんな人たちなのですか？」

「一家の主人である父親は、会社をクビになって無職の状態が続いています。母親は病気で寝たきり。二人の子どもたちは満足に学校にも行けなくなっているのです」

「それはかわいそうな人たちですね。ぜひ支援したいと思います」

「それは良かった。ありがとうございます」

「で、あなたはその一家とはどういうご関係で？」

男が答えた。

「大家です」

●ハエ

タクシーの車内に一匹のハエがいた。目的地に着き、客を降ろしたドライバーは、そのハエを捕まえ、羽根をむしり取って言った。

「無賃乗車とは見上げたもんだ。帰りは歩いて帰りな」

●格安の床屋

格安料金の床屋があった。一人の客にかける時間を極端に短く抑えることで、低価格でも利益をあげようというのが主人の方針だった。

一人の客が、その床屋に入った。椅子に座ると、脇に一匹の犬が近寄ってきた。主人は驚くような速さで髪を切り始めたが、その間、犬はずっと椅子の脇で客のほうを見上げながら静かに座っていた。客が主人に言った。

「賢い犬だね。ずっとおとなしく座っているなんて」

主人が言った。

「ええ。時々、耳が落ちてくるんで、それを待っているんです」

●凄腕

弁護士に依頼者が言った。

「難しい裁判になることはわかっていますが、なんとか助けてほしいんです。資金なら一〇万ドルありますから」

「わかりました。お引き受けしましょう。大丈夫、一〇万ドルも持っている人が刑務所に入るなんてことはありませんよ」

数カ月後。弁護士の言ったことは現実のものとなった。

依頼者は無一文になって刑務所に入ったのである。

●砂漠

とある男が中東の砂漠地帯をドライブしていた際、突然、クルマが白煙を噴いて動かなくなってしまった。男はやむなく一面の砂漠の中を歩き始めた。

ギラギラと照りつける太陽の光が、男の体力を奪っていく。男は喉の渇きにあえいだ。

数時間後、男はようやく一軒の小屋を見つけた。男はその小屋の中へフラフラと入っていった。男は叫んだ。

「誰か、頼む！　水をくれ、水を！」

すると小屋の奥から一人の中年男性が出てきてこう言った。

「あいにくだが、ここに水は一滴もないよ」

「そ、そんな」

「だが、ここから一〇キロほど行ったところにレストランがある。そこへ行けば水をいくらでも飲むことができるだろう」

それを聞いた男は仕方なく小屋を後にして、レストランに向かおうとした。すると中年男性が背後から声をかけた。

「そんなことよりも、ここはネクタイ屋なんだ。いいネクタイがいっぱいある。一本たったの一〇ドルだ。買っていきなよ。絶対、後悔はさせないから」

男は振り返って怒鳴った。

「こんなときに冗談じゃない！　何を考えているんだ、この間抜け野郎！」

男はそれから最後の力を振り絞って、レストランまで這うようにして進んだ。そして、ついにレストランまでたどり着いた。

「助かった。これでもう大丈夫だ」

男はそうつぶやいて、レストランに入ろうとした。すると一人のウェイターが男の前に立ちふさがってこう言った。

「お客さま、当店ではノーネクタイの方はご遠慮願っております」

西へ行くほど強い商人？

「スーク」などと呼ばれる中東の市場では「値段交渉」が不可避。売り手は最初、かなりの高額をふっかけてくるのが普通である。これは一概に「ぼったくり」というわけでもない。そういう文化、風習なのである。

交渉に慣れていない日本人は、言い値で買ってしまう場合が少なくないが、そうなると「絶好のカモ」。大事なのは、だいたいの相場を事前に知っておくことである。そうすれば、値段交渉に重圧を感じることも減る。交渉自体を楽しむ余裕が生まれれば、中東の旅は一気に愉快なものになる。

かくいう私も交渉が得意というわけでもなかったから、これまでに随分と損をしているのかもしれない。私はヨルダンの首都であるアンマンに二カ月ほどいたことがあるが、とあるヨルダン人から、

「日本人は最高の客。韓国人は手強い。中国人は強敵」

と言われた。イラクのバグダッドでは、こんな話を聞いた。

「日本の商人は中国の商人に負ける。中国の商人はアラブの商人に負ける」

この構図を日本国内に当てはめると「東京の商人は大阪の商人に負ける」となりそうだ。商人は西へ行けば行くほど強くなるようである。

東京の伝統的な酉の市やほおずき市などでは、売り手と値段交渉をしながら購入するとこ

ろもある。しかし、値引きしてもらった分は、支払い時に「ご祝儀」として売り手に戻すのが「江戸っ子の粋《いき》」。なんとも清々しく微笑ましい光景だが、これは世界的にもかなり稀有な文化と言えるであろう。

「西方の商人」にやりこめられるのも無理はない。

●シャツ

中国のとあるアパレル企業。社長が販売部長に言った。

「シャツが大量に売れ残ってしまった。どうやら流行遅れのデザインだったようだ。なんとかできないか？」

「では中東にでも輸出しましょう」

「しかし、うまく売れるかね？」

「私にアイデアがあります。一〇枚を一包みにして小売店に送ります。しかし、納品書には八枚と書いておくのです。そうすれば、二枚を間違えて余分に送ってきたと相手は思い、得をしたと考えて喜んで買い取るでしょう」

「なるほど、それはいい考えだ。早速、実行してくれ」

一週間後、社長が販売部長を呼びつけて怒鳴った。

「おい、おまえはもうクビだ！」

「なぜですか？」

社長が言った。

「アラブの連中、二枚をネコババして八枚だけ送り返してきやがった！」

●中古車

とある中古車市でのこと。男が自分好みのアメ車を見つけた。ディーラーが言った。

「これは掘り出し物だよ。価格は一〇万ドルだ」

「中古でその値段はいくらなんでも高い！」

「わかった。じゃあ、特別に一万ドルでいいよ」

取引はその場で成立した。喜んで一万ドルを支払った男は、ディーラーに聞いた。

「それにしても、なぜこんなに値引きしてくれたんだい？」

ディーラーが答えた。

「あなたも自分のクルマが一〇万ドルの価値があると思って乗ったほうが良い気分でし

ょう？」

●一計

スマートフォン屋の店主が困り果てていた。旧型のスマホの在庫を大量に抱えてしまったのである。

そこで店主は一計を案じた。店主は一人の従業員を呼んで打ち合わせをした。

翌日、従業員は耳によく目立つ大きめの補聴器を着け、客に旧型のスマホを勧め始めた。客が、

「いくらだ？」

と聞くと、従業員は補聴器を調整する素ぶりを見せながら、奥にいる店主に向かってこう叫んだ。

「このスマホはいくらでしたっけ？」

店主は大声で答えた。

「ちょうど値下げしたところだ。八三〇ドルだよ」

従業員は客にこう言った。

「六三〇ドルだそうです」

　こうしてそのスマホは完売したのだった。

●モーニングコール

とある小さなホテルに一人のビジネスマンが宿泊した。彼はホテルマンに、

「明日は朝六時にモーニングコールをしてくれ」

　と頼んだ。

　翌朝、彼の部屋にモーニングコールは鳴らなかった。彼は怒ってホテルマンに言った。

「モーニングコールを頼んでおいたじゃないか！　どうしたんだ？」

「いや、すっかり忘れてしまいまして」

「冗談じゃない！　もしこれが一〇〇万ドルの取引にかかわる仕事だったら、おまえはどうやって責任を取るつもりだ！」

　ホテルマンが答えた。

「しかし、そのようなお客さまは、このホテルには泊まりませんので」

●二人の行商人

一人の行商人が、道端で安物の靴下を売っていた。しかし、誰も買う者はいなかった。やがて行商人がもう一人やってきて、彼もまた靴下を売り始めた。彼は最初からいた行商人よりもずっと安い価格で靴下を売り始めた。

「こっちのほうが、ずっと安いよ！」

第二の行商人のもとには客が集まり始めた。そして数時間後、靴下は完売したのである。彼は揚々とその場から引きあげていった。最初の行商人は悔しそうな表情を浮かべながら、その場を立ち去った。

その町の外れ。二人の行商人は合流し、顔を見合わせて笑顔を浮かべた。そして二人は金を数え、平等に折半し、次の町へと向かったのである。

行商人の歴史

映画「男はつらいよ」でもお馴染みの行商人。主人公「寅さん」の呼び込み（口上）は、いつも威勢が良くてカッコいい。

「並んだ数字がまず一つ。もののはじまりが一ならば、国のはじまりが大和の国、島のはじまりが淡路島、泥棒のはじまりが石川五右衛門なら、スケベエのはじまりがこのおじさん！」

笑いとともに客の気持ちを盛り上げ、財布の紐を緩ませていく。巧みな一流の芸である。

そんな寅さん、いつも貧乏しているが、お金に執着のない人だった。困っている人がいれば、気前良くなけなしの金を渡す。やせ我慢かもしれないが、江戸っ子の粋があり、何よりも人情があった。他人への情がなければ、「粋」ではなく「粋がる」である。

ちなみに、「俺がいたんじゃお嫁にゃ行けぬ」の歌い出しで有名な主題歌だが、二番のサビも良い。

目方《めかた》で男が売れるなら　こんな苦労も
こんな苦労もかけまいに　かけまいに

最近ではそんな行商人の姿も少なくなった。日本ではすでに平安時代には多くの行商人がいたとされ、『伊勢物語』には「田舎わたらひしける人」という表現が見られる。これは行商人のことを指していると思われる。

また、同じく平安時代に書かれた『新猿楽記《しんさるがくき》』には、「利を重んじて、妻を知らず、身を念ひて他人を顧みず、その交易地は、北は陸奥から南は貴賀島（鬼界ケ島）に及び、その交易品は唐物四五種、本朝物三六種に上る」と記されている。

江戸時代には天秤棒を担いで町を練り歩き、魚介類や野菜、豆腐などを売る商売が盛況だったという。中には朝顔や風鈴、金魚を扱う行商人もいたとされる。水を売る商売人もいたというから、実に多くの品物を自宅や近所で買うことができたのであろう。

昨今、「ネットショッピングで生活が飛躍的に便利になった」と言われるが、その便利度は実は大して変わっていないのかもしれない。買う際には客が自前の容器や風呂敷を持参したというから、今で言う「エコバッグ」である。

それでは第1章の締めは、「人類最古の職業（?）」について。

●新婚夫婦

新婚初夜の翌日、新郎に友人が聞いた。

「どうだった?」

「いや、もう最悪さ。最低の気分だよ」

「一体どうしたんだい?」

「初めての営みが終わった後、つい勘違いして妻に一〇〇ドル札を渡してしまったんだ」

「そりゃ、ひどい!」

「しかし、本当にひどいのはこの先さ」

「というと?」

男はため息をつきながら答えた。

「妻がササッと二〇ドルのお釣りを渡してきたんだ」

第2章
経済をユーモアで

【インフレ】

●一杯のコーヒー

喫茶店に入った男が、椅子に座ってメニューを眺めた。男は六ドルのコーヒーを頼んだ。

男は出されたコーヒーをゆっくりと味わいながら、持参した本を読んだ。読み終わった後、男は店員を呼んで会計を頼んだ。すると店員が、

「八ドルになります」

と言った。男が聞いた。

「コーヒーは六ドルだったはずだが?」

店員が答えた。

「申しわけありません。お客さまが注文した時には確かに六ドルだったのですが、今は八ドルなんです。インフレがひどくて」

物乞いの求める額まで

「エコノミー（economy）」という言葉の語源は、古典ギリシャ語の「オイコノミア」。「家政術」「家庭のやりくり」といった意味である。

一方、日本で用いられる「経済」という言葉は、「経世済民《けいせいさいみん》」を略した表現。もともとは「世を治めて民を救う」といった「政治」の意味合いの濃い単語として使われてきたが、幕末に英語の「エコノミー」の訳語に当てられたことにより、主に「お金」や「生産活動」にまつわる言葉として定着した。現在のような意味での「経済」という用語が広まったのは、福澤諭吉が多用した影響が大きかったとも言われる。

現況の世界経済の懸念となっているのがインフレ。コロナ禍に対応するために世界各国が推進した大規模な財政政策と金融緩和、さらにはロシアによるウクライナ侵攻を要因として、世界的な悪性のインフレ圧力が燎原の火のごとく広がっている。給料の増加に伴う好循環のインフレなら良いが、物価が急激に高騰する悪性インフレは怖い。日本は家計の金融資産の中で現金・預金比率の高い「貯金大国」であるが、インフレ局面では物価上昇分だけその価値が目減りしていく。

かつて私が住んでいたルーマニアはインフレがひどく、二〇〇二年頃のおおよそのレートは一ドル＝三万三〇〇〇レイだった。一枚の一〇〇ドル紙幣を両替すると三三〇万レイという札束となって戻ってきた。得をしたわけでもないのに、気分だけは大金持ちの心境になったものである。

そんなルーマニア生活の当初、首都のブカレストにいる物乞いのセリフは、

「五〇〇レイください」

だった。しかし、それが二年後には、

「一〇〇〇レイください」

になっていた。物乞いの求める額までインフレを起こしていたのである。

同じ頃、近隣国のトルコに行くと、さらに紙幣の〇の数は増え、両替時の札束はより厚くなった。買い物の際、数字の桁を数えても頭は混乱するばかり。紙幣の色で判断して、なんとか支払いを済ませる有り様だった。そのことをトルコ人に話すと、

「そう。それでいい。俺たちもそうしている」

とのこと。その後、ルーマニアもトルコもデノミ（通貨単位の切り下げ）に踏み切った。

サダム・フセイン時代のイラクに潜入取材した時も、米ドルを現地のイラク・ディナール

に両替したら物凄い厚みの札束を渡された。紙幣にはフセインの肖像が描かれていたが、財布が独裁者の顔でパンパンになった。とあるイラク人はこう言って笑った。

「アメリカは大嫌いだが、ドルは大好きだよ」

二〇〇〇年代後半、アフリカのジンバブエでは月間のインフレ率が「約八〇〇億パーセント」というハイパーインフレを記録。物価が一日で倍になったというから、前述のコーヒーのジョークもあながち冗談では済まされない。

●冷凍保存

不治の病を宣告された男が、自身の肉体を冷凍保存することにした。将来、特効薬が開発される日まで「冬眠」しようというわけである。

数年後、男は目覚めた。医者が言うには特効薬が完成したという話だった。男は早速、その薬を飲んだ。男の症状は劇的に回復した。

すっかり元気になった男は、お見舞いにきた友人に聞いた。

「で、世の中はどうなっている？　景気はどうだ？」

「かなり過熱気味だね。バブルと言っても良いかもしれない」

「そうなのか？　俺の持っていたロサンゼルス電気の株はどうなったかな？」

「今は一株六〇ドルくらいじゃないかな」

「なんだって？　俺が買った時は一五ドルだったのに。じゃあ、サンフランシスコ銀行は？」

「約一〇〇ドルってところだろう」

「本当かい？　俺は二〇ドルで買ったんだ。それじゃあ、ニューヨーク鉄道は？」

「ざっと二〇〇ドルじゃないかな」

「信じられない！　俺が買った時はたったの三〇ドルだぜ？　いや、これは本当にうまくいったな」

男は喜んでこう続けた。

「では祝杯をあげよう。病院の前にあるレストランでビールでも飲もうじゃないか」

病院を出てレストランに入った二人は早速、ビールを注文した。ウェイターが言った。

「一杯、五万ドルになります」

バブル期の日本

日本においても、過去にはハイパーインフレが発生したことがある。第二次世界大戦の終結後、日本国内の小売物価指数は戦前の約一八〇倍にまで跳ね上がった。

日本はその後、高度成長期を経てバブル時代に突入。日本製の製品が世界中を席巻したが、その当時によく言われたのが、

「日本製品は品質が良いから買いたいが、値段が高くてなかなか手が出ない」

という声だった。

「日本に行きたいが、物価が高いから行けない」

ともよく言われた。

そんな状況を反映した以下のようなジョークが世界各地で流行した。

●東京

ニューヨークから東京にやってきた旅行者の男が、レストランに入って食事をした。会計を頼むと、女性の店員がニコニコしながらこう言った。

「サンドイッチが一七ドル、オレンジジュースが八ドルになります」

男は驚いて声をあげた。

「なんだって？　そんなにするのか！」

男は続けてこうつぶやいた。

「ニューヨークの強盗はストッキングを顔にしているが、東京では脚にしている」

安い日本

アメリカなどでは、バブル経済のことを「綿菓子」と表現することがある。砂糖が綿状に膨らんだ甘いお菓子に、かつての日本人も群がった。

だが、先のようなジョークの流行も今は昔。バブル崩壊後の日本は長いデフレ（デフレーション）に苦しみ、今では「安い日本」という表現まで使われるようになった。有為転変《ういてんぺん》は人の世の常。時代とはいつの間にか大きく変遷しているものである。

日本ではワンコイン（五〇〇円）で牛丼や蕎麦などを食べることができるが、ニューヨークではラーメン一杯が二〇ドル以上する店が珍しくない。これは円安が進んだ今、ラーメン一杯が約三〇〇〇円という驚きの価格となる。来日したアメリカ人が日本の物価の安さに驚くのは当然のことであろう。

世界各国の「マクドナルドのビッグマックの値段」をランキングにした統計がある。これによると、世界で最もビッグマックが高いのはスイス。日本円にして実に九二五円である（二〇二二年調べ。一ドル＝一三七・八七円換算）。以下、ノルウェー、ウルグアイと続くが、日本は五四カ国中、四一位。やはり、「安い日本」ということになりそうだ。

二〇二一年に開催された東京五輪・パラリンピックの際、記者団向けに弁当が用意された。値段は一八〇〇円。海外からの記者たちは、

「おいしい日本食の弁当を一八〇〇円で食べられるなんて」

と感激した。しかし、日本の記者たちは、

「とても手が出ないよ」

と反応したという。

ただし、ロシアによるウクライナ侵攻以降、日本においても物価の上昇が問題となっている。エネルギー価格などの高騰が、経済活動の成長を妨げるような状況は御免蒙りたい。急速な円安局面と合わせて「ダブルパンチ」の様相だが、残念ながら企業の賃上げはこの動きに追いついていない。円安を利用して産業の空洞化を解消し、国内に投資を呼び込むような流れに期待したい。

それにしても、「デフレ」もダメだが「急激なインフレ」もダメ、「円高」もダメだが「急

速な円安もダメ」というのだから、経済というのは随分と難儀でデリケートなものである。

こうして国民の生活は苦しくなるばかりだが、日本政府は「減税」を求める声にはどうもツレない。

「日本政府は自国民に経済制裁したいのか？」

と悪口の一つも言いたいところである。

●電気代

とある男が友人に言った。

「今日、電気会社の集金係と大ゲンカしたよ」

「どうして？」

「だって、あまりに電気代が高すぎるからね」

「で、どうなったんだい？」

「まあ、引き分けといったところさ。うちは電気を止められ、電気会社は一ドルも取れなかったんだから」

●倹約生活

長い間、厳しい倹約生活を送ってきた夫婦。夫が妻に言った。

「おい、喜べ。一九九八年以来、私たちが懸命に少しずつ増やしてきた貯金が、ついに目標額に届いたぞ」

「やったわね。これまで本当に大変だったわ。それじゃあ、新車のキャデラックが買えるくらい貯まったのね」

「いや」

夫が答えた。

「買えるのは、一九九八年製のキャデラックだ」


【景気】

●景気判断

不景気とは、空腹でもズボンのベルトをきつく締めて頑張る時のこと。

不況とは、きつく締めようにもベルトがない時のこと。

大不況とは、ズボンもない時のこと。

●起死回生

長きにわたる経済不況に苦しむアフリカのとある途上国。財務大臣が起死回生の新たな政策を発表した。

「一シリング硬貨に穴を四つ開ける。その四つをボタンとして一個一シリングで売る」

松下幸之助の名言

昭和初期、日本が不況にあえいでいた頃の話。後に「経営の神様」と称されることになる松下幸之助に対し、金持ちの知人が「家を建てたいが、世間が不景気なので気が引けるからやめる」という旨を伝えた。すると松下はこう返答したという。

「それはよくない考えだ。この不景気なときにこそ、君らのような資産家は家を建てるべきだ。そうすることによって、多くの人に職を与えて人を喜ばせ、君自身は非常に安く家を建てられるのみならず、ていねい親切なよい仕事をしてもらえ、一挙両得という結果を得るのだと僕は信ずる」

景気を左右するのは「人の気」。一人ひとりの「心のツマミ」の位置である。ツマミがネガティブな方向に回されれば、社会は不景気へと傾いていく。「経済はマインドで動く」とも言われるが、「内向き」は「下向き」に通ずる。

また、松下は、

「好況よし、不況さらによし」

とも語った。

「好景気のときは、駆け足をしているようなものだ。一方、不景気はゆるゆる歩いているようなものだ。駆け足のときは他に目が移らないから、欠陥があっても目につかないが、ゆるゆる歩いているときは前後左右に目が移るから欠陥に目がつき、修復訂正ができる」

作家の司馬遼太郎も同様のことを書いている。

「物は思いようである。好況はかえって人を盲目にさせ、不況は人を思索させるようになる」

このような心のありようも、まさに景気をつくっていく土壌となるのであろう。国民は景気に対して「観客」ではなく「選手」である。

政治家の役割は、国民に「ツマミをポジティブに回せ」と命じることではない。自然にツマミをひねりたくなるような状況を「器」として整備していくことである。

「良いワインは良い樽から生まれる」とは古代ローマの名言、ではなく、イタリアの酒場で酔っ払いから聞いた言葉。

●結婚

青年に友人が聞いた。

「どうして君は結婚しないんだ？　長くつきあっている彼女がいるだろう？」

「住む家がなくてね」

「そんなこと、どうにでもなるだろう。例えば親の家で暮らすとか」

「それはダメなんだ」

「どうして？」

青年が答えた。

「親がその親の家で暮らしているから」

【経済学者】

●結果論

問い・エコノミストとは？

答え・過去にどうすべきだったかを教えてくれる人。

●学ぶ理由

問い・経済学を学ぶ理由とは？

答え・経済学者に騙されないようにするため。

当たらない経済予測

景気が人間の「気」に起因するとすれば、それは「生き物」のようなものだとも言えるだろう。そんな謎に満ちた生物の行動を見定めることは困難なのか、将来の景気や経済動向に関する予測は、著名な経済学者やエコノミストでもなかなか当たらない。意見も主張もバラバラである。財務省の御用学者もいるとかいないとか。

もちろん、「なるほど」と思わせてくれる専門家もいるが、予想を外した時の印象ばかりが不思議と残る。あるいはわざと難しい言い回しを使いたがる人が少なくないのか、何かを言っているようで実は大したことを言っていない場合も目立つ。イギリスの歴史家であるE・H・カーは「歴史を研究する前に歴史家を研究せよ」と言っているが、これに倣えば「経済を研究する前に経済学者を研究せよ」となるであろう。

経済学者へのそのような不信は世界共通の現象のようで、ジョークの世界では昔から格好の標的となっている。

「経済学の父」と呼ばれるアダム・スミスもそうであったが、歴史的に名を残す大物経済学者も、自身の生活において巨万の富を築くといったことはあまりなかったようである。数理経済学の権威だったアーヴィング・フィッシャーは、株式投資で失敗を繰り返して多くの財産を失った。経済理論の研究と、個人資産の形成との相関は薄いのだろうか。

経済学における理論と実践の隔たりは、思いのほか深いのかもしれない。「ベストセラーの書き方」といった本が書店で売れ残っている光景にも似て、貧乏な経済学者というのも実に切ない存在である。

もとより「経済学とは本当に科学なのか？」「擬似科学ではないのか？」といった批判がなされることもある。一般的に「ノーベル経済学賞」と呼ばれる賞も、正式名称は「アルフレッド・ノーベル記念経済学スウェーデン国立銀行賞」あるいは「アルフレッド・ノーベル記念スウェーデン国立銀行経済学賞」であり、厳密には他の「ノーベル賞」とは異なる扱いだという。創設も一九六八年と他の賞に比べて後発であり、賞金もノーベル基金からではなくスウェーデン国立銀行から拠出されている。

賞金は同額だというが、この微妙な「別扱い」が、良くも悪くも経済学のユニークな立ち位置を表しているように見える。

●無人島　その1

無人島に物理学者、化学者、経済学者が流れ着いた。彼らの手元には缶詰があったが、缶切りがなかった。物理学者が言った。

「缶詰を高いところから落として開けよう」

化学者が言った。

「缶詰を火であぶり、熱で膨張させて開けよう」

経済学者が言った。

「ここに缶切りがあると仮定しよう」

●無人島　その2

無人島に生物学者、工学者、経済学者が流れ着いた。生物学者は、

「食べられる動物や植物の有無を調査しよう」

と言った。

工学者は、

「島内にある物でイカダをつくって脱出しよう」

と言った。

しかし、経済学者は何もしようとしなかった。経済学者が言った。

「君たちの行動は短期的に見れば正しいのかもしれない」

経済学者が続けた。

「だが、長期的に見れば、私たちはもう死んでいる」

●**経済学者**

経済学者とは本当に有能な人々である。

これまでに起きた五度の不況のうち、八度を予測してきたのだから。

●**湖上**

一人の経済学者が、氷の張った湖の上にルアーを投げて釣りをしていた。当然、ルアーは氷の上を滑るだけで、魚など釣れるはずもなかった。

すると、別の経済学者が現れて言った。

「なんと間抜けな男だろう」

彼は氷上に漁網を投げた。

【投資】

●**投資家**

著名な心理学者が、一流の投資家たちの研究を行った。心理学者は投資家たちのさまざまな言動を観察した後、こう結論づけた。

「私の研究によれば、相場で勝つ人間というのは、判断力、決断力、胆力のいずれも極めて高いレベルにあり、どんな仕事をしても成功するタイプの人たちだと考えられます。投資などやめて、ビジネスでもやったほうが良いと思いますよ」

それを聞いた投資家の一人が言った。

「しかしね、先生。一流の投資家にビジネスなんて必要ありませんよ」

岸田に投資を

江戸時代の日本には、世界的にも優れた「相場」がすでに構築されていた。大坂の堂島に開かれていた幕府公認の米市場では、高度な先物取引などが盛んに行われていた。牛田権三郎《うしだごんざぶろう》という相場師が宝暦五（一七五五）年に著した『三猿金泉秘録《さんえんきんせんひろく》』には、相場の極意としてこう記されている。

理と非との中にこもれる理外の理　米の高下のみなもとと知れ
万人があきれはてたる値が出れば　それが高下の界《さかい》なりけり

現在の投資家にとっても、傾聴に値する至言であろう。

近年の日本では「貯蓄から投資へ」という言葉が掲げられている。二〇二二年五月五日、岸田文雄首相はロンドンの金融街で講演し、

「インベスト・イン・キシダ（岸田に投資を）」

と市場関係者らに呼びかけた。「日本経済はこれからも力強く成長を続ける。安心して日本に投資してほしい」という内容の訴えだったが、英語と日本語を織り交ぜたスピーチの中で、語尾に使った日本語の「です」が「death（死）」に聞き取られてしまったとか。結果、「死への投資?」などと笑いのネタにされる事態となった。

同じく九月二十二日には、ニューヨーク証券取引所（NYSE）で講演。

「バッターとピッチャーの二刀流ならぬ、成長と持続可能性の二刀流だ」

と、大リーグで活躍する大谷翔平選手をネタにして、日本への投資を呼びかけた。

岸田政権は「新しい資本主義」「資産所得倍増プラン」といった構想を打ち出している。具体的には「人への投資」「科学技術・イノベーションへの投資」「スタートアップへの投資」などを目指すとされるが、「看板倒れ」や「先送り」だけは避けていただきたいもの

「です」。

●一〇〇〇ドル

夫が妻に言った。

「株式投資に挑戦してみることにしたよ」

「大丈夫なの?」

「資金は一〇〇〇ドルだけ。これなら問題ないさ」

こうして夫はネットで株の売買を始めた。するとその後、彼が買った株は、どんどんあがっていった。増えた分でさらに株を買い増したが、それらの株もまたあがった。

彼の資産は三〇〇〇ドルになった。そして一万ドル、ついには一〇万ドルにまでなったのである。

「俺はツイている。相場の神は俺を祝福している」

そう思った彼は、大勝負に打って出ることにした。持っていた株をすべて売り払い、その全額を急成長中という噂の会社の株に注ぎ込んだのである。

しかし、相場の神は気まぐれであった。その会社は不正取引が発覚し、あえなく倒産。

彼は一瞬にして全資産を失ったのである。

元気のない夫を見て、妻が聞いた。

「どうしたの？　まさか株で失敗でもした？」

彼はこう答えた。

「ああ、ダメだった。一〇〇〇ドルすってしまったよ」

●幸福

問い・人生で最も幸福な日とは？

答え・株価が暴落した日の前日。

相場の名言

資産を銀行の預金にまわす傾向が世界で最も強いと言われる日本。利子もほとんど付かないのに、である。

日本銀行調査統計局が令和四（二〇二二）年八月に公表したデータによると、日本では家計の金融資産の実に五四・三パーセントが「現金・預金」にまわっている。「株式等」の割合はわずか一〇・二パーセントに過ぎない。

一方、アメリカでの「現金・預金」の割合は一三・七パーセント。一方、「株式等」の割合は三九・八パーセント、「保険・年金・定型保証」は二八・六パーセントにも及ぶ。アメリカでは「分散投資」が定着していることがわかる。

そういった状況を踏まえ、日本政府もNISA（少額投資非課税制度）やiDeCo（個人型確定拠出年金）などにより、投資の裾野を広げようとしている。運用されない「眠っているお金」を「もったいない」ととらえることは、国際的に見れば普通のことであろう。もちろん、投資には不確実性（リスク）が伴うため、今後、金融教育はいっそう重要となってくる。

「清貧」を説くような人生論も確かにすばらしいが、かと言って絶対視するのもいささか行き過ぎかもしれない。少なくともお金を「汚いもの」のように見なす視点には注意したほうが良いであろう。お金にキレイも汚いもない。上手に使うべき「道具」であり「手段」である。

先に紹介した相場師の牛田権三郎ではないが、投資の世界には味のある格言が少なくない。「人の行く裏に道あり花の山」とは「利益を得るためには、多くの人たちとは逆の行動をとらなければならない」という意味。これは相場の世界だけでなく、生き方のヒントにもなり得る言葉だろう。

また「山高ければ谷深し」という相場格言もある。これは「急騰した相場は急落する」という警句だが、これも人生訓に当てはめることができるのではないか。

と、こう書けば、生真面目すぎてオチもないが、これもやむなし。

話題は株。オチないほうが良い。

●忠告への答え

株のトレーダーをしている男に友人が言った。

「株のデイトレードなんてやめるべきだよ。もし今日は勝ったとしても、明日には負けるんだ。あさって勝ったとしても、また次の日には負ける。それが株さ」

男はこう返した。

「大丈夫。なら私は隔日でトレードするから」

【年金】

●祖父の死

先生がジョニーに言った。

「君は昨日、『おじいちゃんが亡くなった』という理由で学校を休んだが、あれは嘘だろう？」

「どうしてですか？」

「今朝、君の家の前を通ったら、窓際におじいさんが立っているのが見えたぞ」

ジョニーが答えた。

「嘘じゃありません。おじいちゃんは本当に昨日、亡くなりました。でも、年金の振込日が明日だから、もう少しの間だけ窓際にもたれさせているんです」

老後への不安

日本では一時期、「老後二〇〇〇万円問題」が騒がれた。この「二〇〇〇万円」という数字は金融庁の報告書が発端となったものだが、メディアのセンセーショナルな報じ方も手伝い、数字が一人歩き。しかし、今では多くの専門家が、「この数字自体には、あまり根拠がない」と指摘している。

とは言っても、国民の大半が自身の老後に不安を持っているのは事実であろう。少子高齢化と平均寿命の長期化が進む中で、「負担増、給付減」の傾向が続いている。

日本は「消費不況」と呼ばれるが、その土台にあるのは年金制度への不信。将来への不安が強ければ、人は消費を控えて貯蓄に精を出す。政治家は、

「給付金を出しても貯金に回ってしまい、景気が良くならない」

と嘆くが、それならば年金制度を改善するのが筋であろう。

結果、日本は「貯金大国」となっているが、幼少の頃から「アリとキリギリス」を読んで育った日本国民、

「将来に備えることの何が悪い」

となるのは自然な帰結である。

ちなみに「アリとキリギリス」は周知の通り『イソップ寓話』の一つだが、海外では「アリ」に批判的なことを言う人が珍しくない。私の友人のフランス人はこう言って笑う。

「確かにあの話のキリギリスは少々やりすぎだが、少しの蓄えさえ準備しておけば、生き方としてはアリよりもキリギリスのほうがずっと良い。私は『賢いキリギリス』として生きたい」

確かに日本人には、アリの生き方を過大評価している嫌いがあるのかもしれない。どんなに良い寓話にも「副作用」はある。話というのは金科玉条のごときものではなく、ほどほどに読み、バランス良く吸収するのが良いのではないか。

無論、本書もその例に漏れない。

ただし、繰り返しになるが、現状の年金制度の改革は、大半の国民の願いである。「貯金すらほとんどない」という国民の割合も増えている。

「年金一〇〇年安心プラン」なる言葉が掲げられたのは平成十六（二〇〇四）年、小泉純一郎政権による年金改革の時であった。それからまだ二〇年も経っていないのだが。

政治がなすべき本質は「不安対策」のはずである。

●早期退職

定年前の男が友人に言った。

「まだ定年まで数年あるが、私はもう疲れた。会社を早期退職することに決めたよ。とりあえずこれまで地道に積み立ててきた貯金を切り崩しながら生きていくさ」

友人が言った。

「それもいいじゃないか。そのための貯金だよ」

「ああ」

男が続けて言った。

「来月からどうするかはまだ決めていないがね」

【銀行】

●融資

一人の男が銀行へ融資を頼みに行った。彼は交渉が難航することを予想したが、意外にもすぐに受理された。

驚いた男は、速やかに自身の口座から預金を全額引き出した。行員が慌てて聞いた。

「どうしてそんなことをするのですか？　何か問題でもあったでしょうか？」

男は答えた。

「こんな融資を受理するようでは、この銀行は信用ならない」

融資を巡る攻防

『トム・ソーヤの冒険』などの著作で世界的に知られるアメリカの作家、マーク・トウェインは、ユーモアを交えた社会評論も多く書き残している。彼はその中で以下のような至言を述べている。

「銀行家とは、日がカンカン照っているときに傘を貸してくれて、雨が降り始めるとたちまち、それを取りあげてしまう連中のことだ」

日本ではバブル崩壊後の一九九〇年代、「貸し渋り」や「貸し剝がし」といった言葉が世間を賑わせた。貸し渋りとは、金融機関による貸し出し態度が極めて慎重で、民間の借り手が資金調達に困難となる状態のこと。貸し剝がしとは、契約通りに債務履行しているにもかかわらず、約定期間中に追加担保や返済を求められることを指す。

銀行のあり方も国や地域によってさまざま。例えば、イスラム社会の銀行は基本的に無利子。これはイスラム教の聖典であるコーラン（クルアーン）に、

「アッラーは商売はお許しになった。だが、利子取りは禁じ給うた」

とあるため。この背景にはイスラム教が生まれた七世紀の中東において、高利貸しが跋扈して社会問題化していたことがあるとも言われている。

ビジネスや商売を行う上で、銀行といかにつきあうかは大きな課題。昔からさぞトラブルが多かったのだろう、銀行を笑うジョークは意外と人気がある。

●最高の発明

男たちがバーで議論していた。テーマは「人類史上、最高の発明は何か？」であった。

エンジニアが言った。

「それはジェームズ・ワットの蒸気機関だろう。これがなければ産業革命は起きなかっ

た」

　パイロットが言った。

「なんと言ってもライト兄弟さ。航空機の発展なくして現在の近代文明はありえない」

　最後に銀行家が言った。

「利子を発明した奴は、バカじゃないと思うぜ」

●海賊

問い・海賊はなぜ財宝を銀行に預けずに埋めておくのか？

答え・自分たちよりもお金の強奪がうまい人たちとは、つきあいたくないため。

●たった一ドル

　一人の男が銀行に入ってきた。男は行員に言った。

「金を借りたいと思っているんだ」

「承知しました。で、いくらほど？」

「一ドルだ」

「一ドル？　たった一ドルですか？」

「そうだ。何か問題でもあるのか？」

「いや、問題ということではありませんが……」

「では借りるとしよう。これが担保だ」

男はそう言って、大量の株券や国債をカバンから取り出した。その総額は約一〇万ドルに及んだ。

行員は仕方なく株券などを受け取り、一ドル札を渡して言った。

「金利は年五パーセントですから、一年で五セントになります」

「それで結構」

男はそう言って銀行から出ていこうとした。しかし、行員は我慢できず、こう聞いた。

「なぜあなたはこのような取引を？　私には意味がわかりません。どうか教えてください」

男はニヤリと笑ってから、こう答えた。

「簡単なことだよ。先日、金庫を買いに行ったら随分と高くてね。それならば、一年たった五セントで、最高の警備のある立派な金庫を使ったほうが良いじゃないかと思ったんだ」

【税金】

●コイン

とある親子が街を散歩していた。息子は一ドルのコインを上に放り投げ、口で咥える遊びをしていた。しかし、何度目かの時に失敗してコインを喉に詰まらせてしまった。

息子は息ができずに苦しみ始めた。父親はパニック状態となり、周囲に助けを求めた。

「誰か息子を助けてください！」

すると通行人の一人がやってきて、見事な手さばきでコインをあっという間に取り出してくれた。父親は喜んで礼を言った。

「あなたは息子の命の恩人です。本当にありがとうございました」

「いえいえ、これが私の仕事ですから」

「なるほど。あなたはお医者さまなのですね」

「とんでもありません。私は医者ではありませんよ」

「では、あなたはどんなお仕事をされているのですか？」

男は淡々とした調子で答えた。

「税務署に勤めております」

●税務署の力

二人の男が無人島に漂着した。一人は絶望的な表情を浮かべていたが、もう一人は楽観的な様子でこう言った。

「大丈夫。僕らはきっと発見されるよ」

「どうしてそんなことが言えるんだい？」

「今頃、必死になって僕を捜している連中がいるからね」

「どういうことだい？」

男が答えた。

「僕には五年分の税金の滞納があるんだ」

上昇する国民負担率

日本で話題にあがることの多い消費税。同様の税は世界では「付加価値税」などと呼ばれるが、このような税を最初に導入したのは第二次世界大戦後のフランスというから、その歴史は意外と浅い。ただし、同様の税の発想自体は、ルイ一四世時代のフランスにまで遡る。

当時、財務総監（財務大臣）であったコルベールは、

「ガチョウから羽を取る際、一気にむしり取ってはいけない。適度に抜けば、ガチョウは暴れもしない。黙っている。むしろ満足した顔をしている。これが徴税の極意だ」

と述べ、国民から広く浅く徴税することを考えたという。

日本の消費税率はじわじわとあがってきて現在、一〇パーセント。一方、ヨーロッパ諸国は総じてさらに税率が高く、デンマークやスウェーデンでは二五パーセント、イタリアは二二パーセント、フランスは二〇パーセントとなっている。ただし、国によって軽減税率の仕組みも異なるし、税の使われ方も違う。北欧諸国は税の負担が重い分、福祉や教育における支援が充実している。また、コロナ禍において減税した国も多く、ドイツは一九パーセント

から一六パーセント、イギリスは二〇パーセントから五パーセントまで大きく下げている。

日本の場合、租税負担率と社会保障負担率を合わせた国民負担率（対国民所得比）は、令和四（二〇二二）年度で四六・五パーセントに達する。昭和四十五（一九七〇）年度の国民負担率は二四・三パーセントである。

司馬遼太郎は「江戸時代の奈良は天領だったために税が安く、それが人情の穏やかさにつながった」という趣旨のことを書いている。これが正しいとすれば、税金があがれば人情は荒れていくことになろう。

ガチョウもそろそろ暴れ出すかもしれない。

●恐れていたこと

とあるサラリーマンが給与明細を見ようと封筒を開けた。すると経理の手違いで、中身は空っぽだった。男は思った。

（恐れていたことがついに起きてしまった。税金と社会保険料が私の給料を追い越したのだ）

●不平等

詩人が友人の税務署員に言った。

「世の中は不平等である」

「どうしたんだい？」

詩人が答えた。

「税務署員が間違いだらけの詩を書いたとしても犯罪にはならない。しかし、詩人が間違いだらけの確定申告書を書いてみろ。一体どうなることか」

●デリバリー

ニューヨークの郊外で弁当のデリバリーをしている小さな店に、税務署員がやってきた。税務署員が店主に言った。

「おたくの店は昨年、一〇万ドル以上の儲けが出ているようですね」

店主が答えた。

「ええ、確かに。しかし、これは必死に働いて稼いだ額です。うちは家族が手伝ってくれていますし、年に三日しか休みません。正当な儲けですよ」

「私たちが気にしているのは、そこではありません。申告書によりますと、昨年はハワイに三回も行かれているようですが、これは本当に仕事上の控除に当たるものなのでしょうか？　単なる家族旅行ではないのですか？」

するとと主人が答えた。

「冗談じゃないですよ。そこに貼ってあるうちの店のポスターを見てください。『どこへでも配達します』と書いてあるじゃないですか」

●納税申告書

問い・納税の申告書には、簡易版と詳細版がある。その違いとは？

答え・簡易版の場合、政府があなたのお金を奪う。

詳細版の場合、税理士があなたのお金を奪う。

世界のユニークな徴税

世界の税制も種々雑多。税制を見ると、その国のかたちが浮かび上がってくる。

ルイ一五世時代のフランスでは「空気税」の導入が検討された。「我が国の空気を吸っているのだから」ということだったが、これはさすがに廃案となった。

冷戦時代のブルガリアでは、国民の数を増やす目的で「独身税」が導入された。しかし、招いたのは反発ばかりで、あまり効果はなかったとされる。

現在、ドイツには「犬税」がある。文字通り、犬をペットとして飼っている人に課される税金である。税額は州によって異なるが、例えばベルリンでは一頭で年間一二〇ユーロ（約一万七〇〇〇円）。これを聞いて驚く日本人も多いと思うが、実は日本でも昭和五十七（一九八二）年まではこの「犬税」が自治体単位で導入されていた。

アメリカの一部の州では炭酸飲料への「ソーダ税」、ハンガリーでは「ポテトチップス税」が課せられている。これらの税には、いずれも「肥満対策」「健康への配慮」といった名目が冠されているが、現地では賛否両論がやかましく続いている。

イギリスやシンガポールには「渋滞の解消」を目的とした「渋滞税」が存在する。ロンドンの都市部を通行するクルマは「一日一〇ポンド（約一六九〇円）」を払わなければならない。

日本の税制で海外の人々が驚くのは「入湯税」。温泉大国・日本ならではの税金と言えるだろう。

●オウムの不安

ジョニーがクルマで国境を越えようとしていた。彼の肩にはペットのオウムが止まっていた。それを見つけた国境の役人が言った。

「オウムの税金を払っていただきます」

「いくらだい？」

「生きている場合は三〇ドル、剥製の場合は五ドルです」

それを聞いたオウムが喋り出した。

「ジョニー、変なこと考えちゃダメ！」

●国旗

フランス人がアメリカ人に言った。

「我が国の国旗は税金を表しています」

「どういうことですか？」

フランス人が答えた。

「税金と聞くと、フランス人は顔を赤くします。実際に納税通知書が届くと顔は白くなります。そして支払いの時には顔が青くなるというわけです」

アメリカ人が言った。

「我が国の国旗も同じですよ。星条旗も知っての通り、赤と白と青で構成されていますから」

「なるほど。確かに」

アメリカ人が苦笑しながら言った。

「ただ、我が国の場合、だいぶ火花が散っていますがね」

【国際経済（中国編）】

●経済援助

国際的な経済援助団体の職員が、発展途上国の村人に言った。

「この村を開発して工場を建てましょう。そうすれば村の人々の生活は飛躍的に豊かになります」

「ワシらの生活が本当に良くなるのかね？」

「ええ、もちろんです。生活が豊かになれば余暇もできる。そうすれば、週末はのんびりとひなたぼっこでもしたり、ゆったりと釣りでもしながら暮らせるようになりますよ」

村人は首をかしげながら言った。

「しかし、そんなことなら、今でもしていますがね」

中国による「債務の罠」

二〇二二年七月五日、スリランカのラニル・ウィクラマシンハ首相は「国家の破産」を宣言。その主な要因となったのが、中国による「債務の罠」であった。

二〇〇〇年代、中国はスリランカ南部のハンバントタ港などを対象に巨額のインフラ整備費を貸し付けた。これらの事業は、中国が主導する巨大経済圏構想「一帯一路」の一環として進められた。

しかし、過酷な返済条件に「がんじがらめ」となったスリランカは、一部債務の免除と引き換えにハンバントタ港の実質的な運営権を中国側に譲渡せざるをえなくなった。結果、九九年間にわたって中国側に運営権を供与するかたちとなり、同港は事実上の「中国の港」となったのである。これはパキスタンからスリランカを経て、台湾海峡へと至るシーレーン（海上交通路）の確立を狙う中国の戦略通りの結末であった。

さらに、同港に関して中国は「軍事利用しない」と繰り返していたにもかかわらず、二〇二二年八月には、中国軍傘下の調査船が入港。今後の軍事施設への転用が懸念されている。スリランカ側は債務再編協議の主導を日本に依頼する姿勢を示している。

このような事例はスリランカだけにとどまらない。パキスタンやミャンマーといったアジア諸国の他、アフリカにおいても中国資本による各種のインフラ建設計画が進行中である。

二〇二〇年の対外債務の内、対中国シェアが二割以上に達した国は、アジアやアフリカを中心に一五カ国にも及ぶ。とりわけアフリカ北東部のジブチでは、対中債務が国内総生産（GDP）比で四割近くにまで膨らむという異常な事態となっている。対中依存を深めた国が「大やけど」を負っているのが現状だ。一帯一路は茨《いばら》の道か。

一四億人以上もの人々が暮らすアフリカは、投資先として「最後のフロンティア」とも呼ばれる。日本は中国に先行を許しているが、近年では「人への投資」を重視した「透明で公正な、きめ細かい支援」を打ち出して巻き返しを図っている。人材育成に力を入れる支援は、「魚を与えるのではなく、釣り方を教えよ」という古くからの格言にも沿った姿勢と言えよう。

それにしても、この格言、中国の老子の言葉のはずなのだが。

【国際経済（ロシア編）】

●疑問

モスクワの酒場。一人の男が友人に言った。

「我が国はクリミアを併合した。ウクライナの東南部へも領土を拡大している。しかし、なぜ我々の日々の生活は豊かにならないのだろう？」

友人が答えた。

「クリミアを併合してウクライナと戦争しているからだろう？」

ウクライナ侵攻の影響

二〇二二年二月から始まったロシアによるウクライナ侵攻。国際社会は貿易や金融など、さまざまな分野においてロシアへの制裁へと踏み切った。金融制裁ではロシアが持つ外貨準備高六〇〇〇億ドル（約八二兆円）のうち約半分を凍結。それらの対応の結果、ロシア経済の成長率は落ち込み、消費者物価指数（ＣＰＩ）は上昇している。

多くの外資系企業もロシアから撤退。アメリカのコーヒーチェーン「スターバックス」もその一つだが、その後のロシアで後継店として産声をあげたのは「スターズ・コーヒー」。メニューや店内の雰囲気の他、ロゴもそっくりという出来栄えである。

同じく「マクドナルド」は「フクースナ・イ・トーチカ」という店に変身。これはロシア語で「おいしい。それだけ」という意味。看板には「名前は変わっても、愛はそのまま」の文字が並ぶ。「メイド・イン・ロシア」の味は少し気になるところ。

もちろん、ロシア経済の激変は飲食分野だけにとどまらない。ロシアを代表する自動車メーカーであるアフトワズは、輸入の停滞から部品不足に陥り、一時は生産停止の状態となった。以降、エアバッグやＡＢＳ（アンチロック・ブレーキ・システム）などの安全装備を省いた上、排ガス基準も満たしていない低価格車の販売へと踏み切っている。

さらに、日用品や医薬品の不足も日に日に深刻化しているという。

ただし、厳しい貿易制限の結果、天然ガスの価格が高騰してロシア側が恩恵に浴しているといった面もある。ドイツなどのヨーロッパ諸国が「ブーメラン」「返り血」を浴びている現状は深刻である。

ロシアがこれまで欧米に輸出していた資源を、中国やインドが買い増している局面も生まれている。インドはロシア産の原油を輸入した後に石油製品に精製し、原産地がわからないかたちで輸出する「オイル・ロンダリング（原油洗浄）」に関与していると言われる。制裁の「抜け道」であり、協調を謳っているはずの国際社会の「ほころび」である。

世界経済における「脱ロシア」は進むのか。かなりの「オイル漏れ」がありそうだ。

●ロシアへ行った犬

一匹の野犬がウクライナからロシアに向かった。戦場となったウクライナには、食べ物もろくになくなってしまったのである。

しかし、数日するとその野犬はウクライナに戻ってきた。

ロシアでは自由に吠えることすらできなかったから。

【国際経済（アメリカ編）】

●麻袋一つ

ニューヨークに住むメキシコ人が、隣人に言った。

「五年前にメキシコからこの街に来た時、私はたった一つの汚い麻袋しか持っていなかった。しかし、今の私には一〇〇万ドルのマンションと五〇万ドルの別荘、そして五〇万ドルの預金がある」

隣人が驚きの声をあげた。

「それはすごい！　ではその最初の麻袋の中には、何が入っていたのですか？」

男が答えた。

「二〇〇万ドルさ」

●アメリカ人の定義　その1

問い・アメリカ人とは？

答え・エアコンの効いたクルマに乗り、エアコンの効いたオフィスで仕事をし、エアコンの効いたスポーツクラブに出かけ、サウナに入る人たちのこと。

●アメリカ人の定義　その2

問い・アメリカ人とは？
答え・クルマやエレベーター、エスカレーターを使って移動し、ジムでウォーキングマシンを使う人たちのこと。

アメリカ経済の行方

物価高の波は、世界経済の中心地であるアメリカをも直撃している。

アメリカにおける二〇二二年の消費者物価指数の上昇率は前年同月比八パーセントを超えるなど、高い水準で推移した。その要因としては、ウクライナ戦争の長期化によるエネルギーや食糧価格の高騰はもちろん、新型コロナウイルスのパンデミック（世界的大流行）からの急速な経済回復というステージにおいて、半導体などの供給網が混乱したことも挙げられる。

このような状況を受けて、FRB（連邦準備制度理事会）は積極的な利上げを開始。インフレの抑え込みに入ったが、これに合わせて経済成長が押し下げられ、アメリカだけでなく世界経済全体がリセッション（景気後退）に入る危機が懸念されている。

ほんの数年前までは「グローバル化」という言葉が「打ち出の小槌」でもあるかのように叫ばれていた国際社会。しかし、今では「ブロック化」へと潮流が転じている。

バイデン政権は、中国への厳しい姿勢を維持。新疆ウイグル自治区での人権侵害を理由に「ウイグル強制労働防止法」を施行した。新疆ウイグル自治区を対象とした上で、労働の強要によってつくられた疑いのある製品の輸入を原則禁止とした。

アメリカやヨーロッパはサプライチェーン（供給網）の「脱ロシア」「脱中国」を進めている。バイデン大統領は、

「空母の甲板から高速道路のガードレールまで、すべてアメリカ製にする」

と宣言。基幹産業を支える半導体や高容量電池といった重要部材の分野においては、日本やオーストラリアといった同盟国との連携を強化する姿勢を打ち出している。イエレン米財務長官は、法の支配や人権といった価値観の共有、安全保障面で信頼できる国々との「フレンドショアリング」を提唱する。

対する中国も、ハイテク分野などで「外国排除」の動きを強め、中核事業の国産化を推し進めている。「米・欧・日」と「中・ロ」の対立は、今後も深刻さを増していくだろう。

無論、状況はより複雑である。アメリカはASEAN諸国を「味方チーム」に引き入れたいが、これらの国々の多くは中国とロシアの排除には消極的。先進国の「チーム分け」は進んでも、新興国は先進国の一部を敵に回すような態度は取りづらい。中国のマネーやロシアの資源に依存する国は少なくないのである。習近平とプーチンの強烈な「睨み」を無視することは難しい。

結果、G20は役割を十分に果たせず、実質的な機能不全に陥っている。

新たな道を模索中の世界経済。打ち出の小槌などない。

第3章

貧しい人も富める人も

【貧乏】

●ATM

男が友人に言った。

「ATMも意外と不便だね。もう少し内部に現金を準備しておくべきじゃないかな」

「どうして?」

「今日、僕は五カ所も回ったんだが、全部『お金が足りません』って出るんだよ」

●カード会社

クレジットカード会社から連絡がきた。カードを新規につくりたいという私の申請は、却下されたということだった。理由は私の年収不足であった。

しかし、どうにも納得がいかない。

私はそのクレジットカード会社の社員なのだ。

減少する「自由に使えるお金」

今から二五年ほど前、大学を卒業した私は友人二人と「共同生活」を始めた。東京の練馬にある古い木造アパートで、間取りは風呂ナシの六畳一間。男三人、「一人二畳」の生活である。物書き志望だったものの作家としての仕事などあるはずもなく、外国人と共に製本工場などで働く日々であった。夜はジャーナリズムを学ぶ夜間の学校に通ったが、そこで出会った仲間たちと同人誌を創刊。私が編集長となり、ああだのこうだのと大騒ぎの毎日を送った。金のない貧乏生活だったが、心躍る楽しい日々でもあった。ただし、当時の日本はバブル崩壊後といえども周囲には物も仕事も十分にあり、今思えばただの「貧乏ごっこ」だったかもしれない。ちなみに当時の同人仲間たちの中には、その後に文学賞を受賞するなどして有名になった者が少なくない。

日本では「金は天下の回りもの」と古くから言われる。歌舞伎の「上総綿小紋単地《かずさもめんこもんのひとえじ》」には「金は世界の廻りもの、散る秋あれば花の咲く再び春に廻り逢う」という台詞がある。また、「宵越しの銭は持たない」とは、江戸っ子が大切にしたとされる心意気である。

しかし、そんなことも言っていられないのが令和の日本か。

「失われた一〇年」という言葉が「二〇年」「三〇年」とズルズル延長されてきた日本。長引く景気低迷により国民の所得は思うように伸びず、負担ばかりが増えている。

国税庁が実施した令和二（二〇二〇）年分民間給与実態統計調査によれば、給与所得者の平均給与は年間四三三万一〇〇〇円。同調査の平成十三（二〇〇一）年の数字は四五四万円だから、二〇年間で約四パーセントの減少ということになる。

さらにこの二〇年の間に、消費税が五パーセントから一〇パーセントへと二倍に増えた。第2章でも述べた通り、社会保障の負担も増加が続いているから、「自由に使えるお金」はかなり減っていることになる。今後の少子高齢化の進展を考えれば、将来に不安を感じる国民が増えるのは当然のことであろう。「宵越しの銭は持たない」ではなく「宵越しの銭は持てない」が現実か。

足元では大手企業のボーナスや、アルバイトの平均時給の上昇といった傾向も見られる。

しかし、あくまでも大切なのは「自由に使えるお金」。そして将来への「期待」や「希望」であろう。

バブル期の日本では「貧しさを笑うジョーク」は、あまり人気がなかった。しかし、近年では様相が変わってきている。ネット上では貧乏を笑う自虐的なネタが人気を集めている。

貧乏ジョークが流行るということは、人々がその風刺に対して身近な共感を覚えている証拠。日々の懐事情に苦しさを感じている人が多いことの証左である。

●かなしい人生

かなしい人生だ。私が信号待ちをしていると、物乞いが硬貨をくれる。

かなしい人生だ。数学者は「任意の数字にゼロをかけると、必ずこの数字になる」と言って、私の預金通帳の残金を指差す。

かなしい人生だ。論理学者は「ネガティブとネガティブをかけるとネガティブになるという証明だ」と言って、私を指差す。

かなしい人生だ。ついにＩＰアドレスさえ「00.00.00.00」になった。

●アレルギー

三人の婦人がレストランで食事をしていた。一人が言った。

「私がいつもしていた純金の指輪ですか？　あれはもう売りました。いえ、私、実は医者に金属アレルギーだと言われまして。それで指輪はすべて売ったんです。まあ、すごい金額になりましたから、それで良かったと思っておりますわ」

それを聞いた一人が言った。

「私も別荘を売りました。山あいにあるとても立派な別荘でしたが、どうも花粉アレルギーがひどくなりまして。やっぱり私には都会のほうが肌に合うようですわ」

すると最後の一人が急に卒倒した。しばらくして意識が戻ると、彼女はこう言った。

「すいません、ご心配をおかけして。私、嘘アレルギーなんです」

●ディナーのお値段

父親が息子に聞いた。

「昨夜、ガールフレンドとディナーに行ったそうだが、いくらかかった？」

「七ドルくらいかな」

「それは随分と安い店を見つけたもんだな」

息子が言った。

「それが僕の全財産だったからね。彼女は大変だったと思うよ」

【借金】

●楽観と悲観

問い1・債権者とは?

答え1・貸した金が返ってくると信じている人たちのこと。

問い2・上手な借金のコツとは?

答え2・悲観主義者から借りること。

●勇気?

ニューヨークで最も治安の悪いエリア。バーの店内で、マフィアたちが二手に分かれ、銃の撃ち合いを始めた。

そんな店内に一人の男が入ってきた。背が低く、いかにも貧弱そうなその男は、店の真ん中を堂々と歩いてカウンター席に座った。カウンターの背後に隠れていた店主が驚いて聞いた。

「あなた、すごい勇気ですね。怖くないんですか?」

「ああ、私なら大丈夫」

「どうしてですか?」

男が答えた。

「私はあの連中の全員から金を借りているんだ」

世界一の借金王

一九九〇年代から二〇〇〇年代初頭にかけて、テレビで観ない日がないほど流れていたのが消費者金融のCM。中でもレオタード姿の女性たちが踊りまくる武富士のCMは広く話題にのぼり、バラエティ番組などでも格好のネタとなった。今から思うと「不況」を表す象徴的な現象だったのかもしれない。

そのようなCMは今ではだいぶ減った。ちなみに武富士は平成二十二(二〇一〇)年に倒産している。

最近では一転して「過払い金」に関する法律事務所のCMが目立つ。諸行無常に飛花落葉《ひからくよう》。時代は大きく移り変わるものである。しかし、「借金」に関するトラブルが絶えないのは、いつの世も同じであろう。英語では「借金なければ危険なし（Out of debt, out of danger.）」と言う。

ギネスブックに「世界一の借金王」として載ったのは、フランス人のジェローム・ケルビエルという人物。彼はフランスの由緒ある大手銀行「ソシエテ・ジェネラル」のトレーダーだったが、不正な先物取引などを繰り返した結果、同銀行に巨額の損失を負わせた。その額、実に四九億ユーロ（約七七〇〇億円）。不正取引の動機は「私腹を肥やす」ことではなく、「トレーダーとして認められ、目立つこと」だったとされる。

結局、ケルビエルは逮捕され、裁判の結果、「銀行に四九億ユーロを返済すること」などが命じられた。しかし、その後、返却命令は棄却。三年と命じられた懲役刑も、収容から五カ月足らずで釈放となった。

さらに話はややこしい。ケルビエルは当然、同銀行をクビになっていたが、彼はこれを「不当解雇」として起訴。この訴えは認められ、銀行側はケルビエルに対し、損害賠償を支払うよう命じられた。「銀行側は不正取引を知っていたにもかかわらず、利益が出ているために見過ごしていた」と認められたためである。

事実はジョークよりも奇なり。

●原因と結果

借金返済に追われて人は貧乏になる。

しかし、借金を返済しなければ、人は貧乏にならない。

●助け

ジョニーに友人が言った。

「明日までにどうしても一〇〇〇ドルほど必要なんだ。もしこれを用意できなければ、僕は自殺しなければならない。頼む、助けてくれないか」

ジョニーが答えた。

「わかった」

ジョニーが続けた。

「拳銃がいいかい？　それとも縄にするかい？」

●一〇〇ドル

自堕落で貧乏な生活を続けていたサムは、友人のジョンから一〇〇ドルを借りた。しかし、支払いの期限がきても、金を返すことはできなかった。

そこでサムは、もう一人の友人であるロジャーから一〇〇ドルを借り、その金をジョンのところへ持っていった。

翌週、ロジャーへの支払い期限がきたので、サムはジョンから再び一〇〇ドルを借り、その金をロジャーのところへ持っていった。

こんなやりとりがしばらく続き、疲れてしまったサムは二人にこう伝えた。

「あとは二人で直接、やりとりしてくれ」

【物乞い】

●腕

物乞いが通行人に言った。

「食べ物がまったくありません。一ドルでもいいので、ぜひ神のご慈悲を」

通行人が渋い顔をして言った。

「見たところ、おまえは身体も丈夫そうだ。どうしておまえは、その二本の立派な腕を活かそうとしないんだ」

物乞いは驚いて言った。

「ひどいことを言わないでください。そんなこと、できませんよ。たった一ドルのために両腕を切り落とすなんて」

●願い

買い物帰りの男が、物乞いに声をかけられた。

「何か恵んでください」

「ではタバコを一本やろう」

「いえ、私はタバコは吸わないもので」

「じゃあ缶ビールがあるから、それをやろう」

「いえ、私は酒もやりません」

「それなら、宝くじがあるから、これをやるよ。大金が当たっているかもしれないぜ」

「いえ、私は博打は嫌いなんです」

男は驚いた表情を浮かべて聞いた。

「おまえは一体、何がほしいんだ？」

「私は食べ物がほしいのです」

「よし、わかった。おまえに食べ物をやろう。しかし、一つ条件がある。今から我が家に来てくれないか？」

「それはいいですけれども。しかし、なぜでしょう？」

男は言った。

「タバコも吸わない、酒も飲まない、博打もしない男がどうなるのか、ぜひ妻に見せたいんだ」

四国遍路の経験

学生時代、四国の八十八箇所霊場を歩いて巡ったことがある。いわゆる「お遍路さん」。白装束を着て、全行程を野宿しながら五〇日ほどかけて回った。テントも寝袋も持たず、河原の橋の下などで寝る歩き旅だった。

四国には「お接待」という風習が残っている。お遍路さんに食事や飲み物などをふるまう行為のことである。私も遍路旅の間、多くの方々から温かなお接待を受けた。お風呂を使わせてもらったり、自宅に泊めていただいたこともあった。布団の柔らかさが身に染みた。ある時には「五〇〇〇円札」をいただいた。

私は信仰心から歩いていたわけでもなかったので、お接待を受けることには躊躇もあった。「物乞い」のようなことになるのではといった抵抗も感じた。

しかし、お接待は元来、お遍路側が断ってはいけないことになっている。お遍路は「同行二人《どうぎょうににん》」と言って、弘法大師（空海）と共に歩いている存在とされる。そんなお遍路へのお接待は弘法大師へのお供えと見なされ、その行為は功徳となる。お遍路はそれを自身の都

合で拒否してはいけないのである。とある霊場の住職からは、

「ありがたくいただけば、それで良いのです」

と教わった。

旅の間、お接待にどれだけ助けられたか知れない。お接待がなければ、薄志弱行の私など途中で旅を止めていたであろう。

そして、いただいた「恩」からは、感謝の気持ちが自然と潮が満ちるようにして生まれ、八十八番目の霊場にたどり着いた時には「恩返し」の感情が柄にもなく湧き出ていたのであった。

昔日の「にわか遍路」の回想である。

●誇り

その物乞いは自身の生き方に誇りを持っていた。

ある日、彼はとある大銀行の頭取に恵んでもらおうと自宅まで行ったが、会うことすら叶わなかった。そこで彼は一計を案じ、頭取の豪邸の玄関先でこう叫んだ。

「私の母親が病気で亡くなりそうなんです。なのに、ここの主人は大銀行の頭取である

にもかかわらず、わずかばかりの救いの手も差し伸べてくれない！」

繰り返される叫び声を聞いて、頭取はついに玄関先に出てきた。

「わかった、わかった。私の負けだ。ここに一〇〇ドルある。これで手を打ってくれないか」

物乞いは一〇〇ドル紙幣を受け取った。頭取が言った。

「しかし、こういう手法はあまり感心しないね。他にもっとやり方があるんじゃないか？」

それを聞いた物乞いが言った。

「私はあなたの銀行経営について、とやかく言いません。あなたも私の経営方針について、とやかく言わないでください」

●平等

物乞いが通行人に言った。

「一〇ドル、恵んでくれないでしょうか」

通行人は五ドル渡してやった。

「ありがとうございます。でも、どうして五ドルなのでしょうか？」

「これで平等だよ」

「と言いますと？」

「君も五ドルの損。私も五ドルの損だ」

物乞いと労働

日本では「乞食を三日すれば忘れられぬ」と言われるが、近年では路上などで物乞いを見ることは少なくなった。しかし、海外ではごくありふれた光景である。うんざりするほどに。ルーマニアにも多くの物乞いがいた。首都のブカレストでは多くの子どもたちがマンホールで暮らしており、彼らは主に物乞いによって命を繋いでいた。ルーマニアは冬が長く寒い国。ストリートチルドレンはわずかな暖を求めて、マンホール内に潜り込むのである。

私は二年にわたって彼らに密着取材し、多くの時間を暗いマンホール内で共に過ごした。

ある時、私は彼らに折り鶴の作り方を教え、

「これを売ったらどうだろう」

と提案した。それまでのルーマニア生活において、ルーマニア人が折り鶴を見るととても

喜ぶことを知っていたためである。

マンホールチルドレンの何人かは作り方を覚えようとした。しかし、それも結局、数日でやめてしまった。彼らはこう言うのだった。

「面倒臭い」

「物乞いで十分」

日曜日に教会の前などで物乞いをすれば、それなりの額が集まる。彼らにしてみれば、わざわざ折り紙などする必要もなく、私の提案など所詮は「余計なお世話」だった。物乞いによって得られた金は、日々の食事代の他、シンナー代わりのベンジンなどに消えていった。

ルーマニアにいるロマ民族の中には、肘や膝の関節があるべき本来の方向からグニャリと曲がってしまっている物乞いたちがいた。彼らは幼い頃に親によって関節を曲げられた者たちであった。このような身体のほうが物乞いで得られる額が増えるからという理由である。

ユーゴ内戦終了後のボスニア・ヘルツェゴビナのサラエボでは、クルマを赤信号で停車させると、多くの子どもたちが群がってきた。彼ら彼女らは、持っている布でクルマの窓を勝手に拭き始める。それで「対価」をもらおうというわけだ。この子どもたちは、長きにわたった内戦で生まれた「戦争孤児」であった。

私はこの孤児たちが、ルーマニアのマンホールチルドレンとは異なり、曲がりなりにも「労働」をしてお金を得ようとしていることに関心を持った。両者の違いは何が理由なのか。

当時のサラエボの街には、国連の職員やサラエボ展開部隊（平和安定化部隊）の兵士たちが多くいた。「ＵＮ」と書かれた国連のクルマや、「ＳＦＯＲ」と記されたサラエボ展開部隊の車両が街じゅうを走っていた。戦争孤児たちはそんな外国の車両を主な「客」としていた。大金を持った外国人の存在と、戦争孤児に対して財布を緩める人間心理が、彼らの労働を成り立たせていた。

かたや、ルーマニアにはそのような状況はなかった。そんな条件の違いが、子どもたちの行動に差を生んでいるようであった。

アフリカのチュニジアに滞在していた時のこと。食堂で昼食をとっていると一人の少女がやってきて、一輪の白い野花を私のテーブルの上に置いていった。どこかで摘んできたのだろう、小さな花束を持った少女は、他のテーブルでも同様のことを繰り返しながら店内を一周。そしてそのまま二周目に入ると、今度は客から「花代」を要求して回るのだった。チュニジアはイスラム教徒の多い国だが、イスラム教には「ザカート」と呼ばれる「義務の喜捨」と、「サダカ」と呼ばれる「任意の喜捨」がある。貧しい者への喜捨は幅広く社会に定着しているが、この店内でも多くの客が少女にお金を渡していた。郷に入れば郷に従え。私も他の客の行動に倣った。私はこうして名も知らぬ一輪の可憐な花を手に入れた。

その花はとても良い香りがした。

●牧師と物乞い

教会の牧師が、道端に座る一人の物乞いを見つけた。牧師は物乞いに話しかけた。

「あなたは浪費家ですか?」

「はい。恥ずかしながら」

「あなたはコーヒーを飲んだり、タバコを吸ったりしますか?」

「はい。どちらも大好きです」

「ではお酒を飲むのは好きですか?」

「ええ。目がありません」

「まったく……」

牧師は困った表情を浮かべながら、一〇〇ドルを渡した。物乞いは歓喜した。

牧師がそのまま歩いていくと、別の物乞いと出会った。その物乞いは先ほどの牧師と物乞いのやりとりをすべて見ていた。牧師が聞いた。

「あなたは浪費家ですか？」

「いいえ。私は浪費などいたしません」

「あなたはコーヒーを飲んだり、タバコを吸ったりしますか？」

「いいえ。どちらもやりません」

「ではお酒を飲むのは好きですか？」

「とんでもない。私は神に祈りを捧げることだけが最高の幸せです」

「なるほど。それはすばらしい」

牧師はにこやかな表情を浮かべながら、一ドルを渡した。物乞いは驚いて聞いた。

「ちょっと待ってください。なぜさっきのだらしない物乞いが一〇〇ドルで、私はたったの一ドルなのですか？」

牧師が答えた。

「さっきの彼はお金がたくさんいるようだったから」

●失敗

道端に座っていた物乞いに、一人の男が金を恵んだ。物乞いが言った。

「ありがとうございます。私はもともとは資産家だったのですが、今ではこんな姿になってしまいまして」

「ほう、そうなのか？　ちょっと話を聞かせてくれよ」

「はい。私の父親は事業で成功し、かなりの財産を築いていました。大金の入った銀行口座をいくつも持っていましたよ。それらを合わせたら相当な額でした。なのに、今やそんな金もすべて失ったも同然です」

「一体、何があったんだい？　事業での失敗？　投資？　それとも誰かに騙されたとか？」

物乞いは首を横に振り、深いため息をついてから言った。

「どうしても父親の誕生日を思い出せないのです」

●物乞いと慈善家

とある物乞いが、慈善家から毎月二〇ドルずつ恵んでもらっていた。月に一度、必ず慈善家の家を訪ね、二〇ドルいただくのである。

ある日、いつものように物乞いが慈善家の家を訪ねると、秘書が出てきて一〇ドル紙幣を渡そうとした。物乞いは怒って言った。

「私は毎月二〇ドルずつもらってきたのです」

秘書が答えた。

「今月から一〇ドルにしていただけませんか」

「なぜですか？」

「実はご主人さまの娘さんが結婚されるんですよ。それで持参金とか結婚式の費用とか、何かと入り用なんです」

物乞いは怒りに震えながら、こう叫んだ。

「じゃあ、ご主人にこう伝えてくれ。『自分の娘の結婚費用くらい、俺の金じゃなくて自分の金を使ったらどうだ』と」

【お金持ち】

●インタビュー取材

とある大富豪のもとに、新聞記者が「成功の秘訣」についてインタビュー取材に行った。

するとと大富豪は、

「それでは早速、始めよう」

と言って、部屋の電球のスイッチをすべて切ってしまった。大富豪はこう続けた。

「話をするのに灯りなど必要ないからな」

それを聞いた新聞記者は、

「もう結構です」

と言って、ペンやノートをカバンにしまい始めた。大富豪が聞いた。

「なんだ、質問しないのか？」

新聞記者が答えた。

「あなたがお金持ちになれたわけが、もうわかりましたから」

世界一の大富豪は？

中東を取材していた時のこと。パレスチナの小さな村々で戦禍と貧困にあえぐ人々の肉声を朝から集めて回っていた私は、夜遅くにエルサレムに入った。エルサレムには欧米の新聞記者やジャーナリストが多く集まっていた。彼らは街の一流ホテルで高価なワインを飲みながら、「貧困問題」についてゆったりと話し合っていると、地元のアラブ人から聞いた。

世界には豊かな国と貧しい国があり、それぞれの国の中にも豊かな生活を送る人と貧しい生活を送る人がいる。アメリカの場合、一パーセントの富裕層が国民の全財産の二七パーセントを所有しているという（二〇二一年六月、ＦＲＢ統計）。イタリアには次のような諺がある。「低い石垣は腰掛けにされる（弱者は利用される）」。

お金を持っている人と持っていない人。お金に愛されているような人とそうでない人。「お金持ち」を巡るジョークの中には、さまざまな人間模様が滲む。

新型コロナウイルスの大流行は世界中を襲ったが、この影響によって富裕層はさらに裕福になり、かたや貧困生活を送る人の数は増加したと推計されている。国際NGOのオックスファムが発表した報告書によると、世界トップ一〇の富豪の総資産は、コロナ前より二倍以上に膨らみ、世界の最貧困層の収入は減少。貧困を原因として、毎日二万一〇〇〇人の死者が出ているという。

「世界一の大富豪」と言われるのが、アメリカの実業家であるイーロン・マスク。電気自動車企業テスラの共同創設者であり、宇宙開発企業スペースXの創設者でもある。推定保有資産は約二一〇〇億ドル以上（約二七兆円以上）に及ぶ（二〇二二年十一月現在）。

その他、アマゾン（アマゾン・ドット・コム・インク）の共同創業者であるジェフ・ベゾスや、グーグルの共同創業者であるラリー・ペイジといった面々が富豪ランキングの上位に並ぶ。

ところで、日本の会津地方には「身不知柿《みしらず》」という柿がある。そのユニークな名前の由来には諸説あるが、一説には「身の程知らずなほど、たくさんの立派な実をつけるから」とも言われる。実際、「身不知柿」はあまりに多くの実をつけ過ぎて、枝が折れてしまうことがある。過剰な豊かさにより、その重みによって地に落ちてしまうその皮肉な光景は、人のありようを暗示するようでもある。ドイツの哲学者、ショーペンハウアーはこう言っている。

「富は海水に似ている。飲むほどに渇く」

他方、「鉄鋼王」と呼ばれたアメリカのアンドリュー・カーネギーは「富を持って死ぬことは不名誉である」として、会社の売却で手にした約四億八〇〇〇万ドルもの大金を慈善事業に注ぎ込んだ。「鉄鋼王」は「慈善王」となった。

日本史の中にも箴言がある。台湾総督府民政長官や南満洲鉄道（満鉄）初代総裁、外務大臣などを歴任した後藤新平は、自らの死を前にしてこう語ったとされる。

「金を残して死ぬ者は下だ。仕事を残して死ぬ者は中だ。人を残して死ぬ者は上だ」

●比較

男が友人に言った。

「妻が俺とイーロン・マスクを比べて、何かと文句を言ってくるんだ。まったく困ったもんだよ。どうしたらいいだろう？」

友人が答えた。

「それは大変だな。まあ、あまり気にするなよ。君とイーロン・マスクはもともと全然違うんだから」

男が言った。

「だから責められているんじゃないか！」

●ダイヤ

とある昼下がり、富豪の婦人が自宅を出ると、隣人の女性と出会った。富豪婦人の指には大きなダイヤの指輪が輝いていたが、それを見た隣人女性が言った。

「あら、随分と派手な指輪ですね。ダイヤなんてお昼からするようなものじゃないと思いますが」

富豪婦人が答えた。

「ええ、私もそう思っていたんですよ。ダイヤを持つまでは」

●相続

大富豪の叔母を持つ青年が、遺産の相続を目論んで言葉巧みに接近した。青年は叔母のもとに毎日のように通い、身の回りのことを手伝い、良き話し相手となった。とりわ

け叔母が可愛がっていたネコの面倒には力を尽くした。

叔母がにこやかに言った。

「あなたは本当にネコが好きなのね」

「ええ。こんなにかわいいネコはそういませんよ」

数カ月後、叔母は亡くなった。

遺書により、青年はネコを相続した。

●莫大な遺産

サムの父親が、ついに医者から余命宣告を受けた。父親は事業家で大富豪だったため、サムには莫大な遺産が入ってくることになりそうだった。独身のサムは考えた。

（たとえ大金持ちになったとしても、一緒

に人生を歩んでくれる相手がいなければ、つまらないのではないか）

そこでサムはマッチングアプリを使い、一人の美しい女性と出会った。サムは彼女の美貌に一目惚れした。サムは言った。

「きっとあなたは私を冴えない男だと思っているでしょう。しかし、もうすぐ私は父の莫大な遺産を相続するのです」

サムは勇気を出して、彼女を自宅に誘った。彼女はニコリと笑ってＯＫした。

翌週、彼女はサムの義母となった。

●金と食

問い・金持ちと貧乏人の違いとは？

答え・金持ちとは、お金を払ってカタツムリやカエルを食べる人たち。

　　貧乏人とは、お金を払わずにカタツムリやカエルを食べる人たち。

●失われるもの

とある大富豪が富の大半を失った。

すると、友人の半分が彼のもとを去っていった。
残りの半分は、彼が富を失ったことをまだ知らない。

第4章
ギャンブルは是か非か

【カジノ】

●ＩＱ

天国にいるアインシュタインが新入りに聞いた。

「君のＩＱはいくつだい？」

「一二〇くらいです」

「ふん、つまらん。では政治の話でもしよう」

翌日、アインシュタインが新入りに聞いた。

「君のＩＱはいくつだい？」

「一五〇くらいです」

「ふうむ。では芸術の話でもしようか」

そのまた翌日、アインシュタインが新入りに聞いた。

「君のＩＱはいくつだい？」

「一八〇くらいです」

「おお、それはすばらしい。では一緒にポーカーでもしよう」

●緊張

ポーカーの最中、私のアップルウォッチがこう話し始めた。

「心拍数があがっています」

カジノの歴史

ギャンブルは良くも悪くも人類の歩みと共にある。ギャンブルを人生のスパイスとした人もいれば、一攫千金を夢見て身を持ち崩し、多くを失った人もいたであろう。

六面体のサイコロはすでに古代インドや古代エジプトにあったとされ、古代ローマでは一二面体のものまでつくられていたという。

古代ローマでは、くじ引きやコイン投げといった賭け事も楽しまれていたとされる。古来、人類はサイコロやコインの裏表によって多くのことを決めてきたようだ。そう考えると、サイコロが人類史に果たした役割は意外と大きかったのかもしれない。

余談だが、サイコロの「一」の目が赤く塗られているのは日本だけ。海外のサイコロの「一」は他の目と同じ黒色である。これには「日の丸に似せた」などいくつかの説があるが、詳細は明らかとなっていない。

もう一つ余談を。一般的に流通しているサイコロにおいて、「それぞれの目が出る確率」は実は均等ではない。最も出る確率が高いのは「五」。「五」の裏は「二」だが、目を表す窪みの数の違いが、重量の偏りを生む。ならば「一」の裏の「六」が最も出やすいように思えるが、「一」の窪みが大きいため、「五」のほうが出やすくなる。

現代に通じるようなカジノの起源は一八世紀、ルイ一五世時代のフランスに求められる。フランス革命後、世界で初めてとも言える近代的な国民国家が生まれたが、これと同時に広まったのがカジノであった。その後、ナポレオンは賭博の規制に踏み切ったが、これにより税収が減少。困ったナポレオンはやむなく規制を緩和したという。

フランスやドイツなどのヨーロッパ諸国には「博打で幸運、恋愛で不運」という諺がある。人生、両方は手に入らないという意味である。

●イカサマ

ポーカーをしていたところ、一人の男が叫んだ。

「おい！　おまえイカサマしているだろ！」

「冗談じゃない。俺はイカサマなんてしていないぜ」

男が言った。

「俺はな、おまえにダイヤのエースなんて配ってないんだよ！」

●博打狂い

夜明けの街を、パンツ一枚でトボトボと歩いている男がいた。警察官が声をかけた。

「おい、おまえはなぜそんな格好をしているんだ？　さては博打狂いだな」

男が答えた。

「冗談じゃありません。私は博打狂いなどではありませんよ」

「では、なぜ？」

男はため息をついてから答えた。

「友人が博打狂いなんです」

鉄火巻とサンドイッチ

小林一茶の句の中に以下のようなものがある。

君が世や　かゝる木陰も　ばくち小屋

江戸時代に人気を集めたのがサイコロ賭博。二つのサイコロを振り、合計した目が丁（偶数）になるか半（奇数）になるかを当てる丁半賭博だが、これには農民や町人はもちろん、武士も夢中になったという。ちなみに「一か八か」という表現は、「丁」と「半（旧字は半）」の字の上の部分から取ったものとも言われる。

今では世界一二〇カ国ほどでカジノは合法化されている。アメリカのラスベガスがカジノの街として発展したのは一九四〇年代である。

カジノではその人の本性が現れると言うが、カジノジョークには人間が本来持っている欲望の本質が色濃く反映される。他愛もない笑いの中に、人間の強さと弱さが転がる。

日本でもカジノ（統合型リゾート）に関する議論が進められているが、実際に解禁される前にいくつかのジョークを頭に入れておくのも一興かもしれない。ジョークは「楽しい教科書」にもなる。

以下は再び余談。「マグロの海苔巻き」をなぜ「鉄火巻」と呼ぶのか。「鉄火」とは元来、「真っ赤に熱した鉄や、それを叩いた時に出る火花」のことだが、転じて気性が激しくて勇ましい「やくざ者（博打打ち）」を「鉄火者」、彼らが出入りする賭場を「鉄火場」と呼ぶようになった。そんな鉄火者たちが好んで食べたのが「鉄火巻」。手が汚れにくく、博打をしながらでも食べることができたために広まったとされる（諸説あり）。

海の向こうにも同じような話がある。一八世紀後半、イギリスの第四代サンドイッチ伯爵（ジョン・モンタギュー）は「カードゲーム狂」だったが、彼が「ゲーム中にも食べられる料理」として考案したのがサンドイッチだったという（こちらも諸説あり）。

真相は不明であるが、洋の東西に似たような話が存在するのは、なかなかのジャックポット（大当たり）である。

●ツキ

ギャンブル好きの男に友人が聞いた。

「ゆうべはカジノに行ったそうだが、どうだった？」

「自分でも驚くくらいツイていたよ」

「へえ。どんなふうに？」

「家に帰ろうと思ってカジノを出たら、一ドル札を拾ってね。おかげで歩いて帰らずに済んだよ」

●眼

ギャンブル好きの男が言った。

「俺は自分の右眼を噛むことができる。どうだ、一〇〇ドル賭けないか？」

「そんなこと、できるわけがないだろう。よし、一〇〇ドル賭けよう」

すると男は右眼から義眼を外し、口に入れて噛んだ。男はさらに言った。

「次は左眼を噛んでやろう。もう一〇〇ドル賭けるか？」

「それは絶対に無理だ。両方とも義眼なら、おまえは何も見えていないことになる。よし、もう一〇〇ドル賭けるぞ」

すると男は入れ歯を外し、左眼を噛んだのだった。

●チップ

ジョニーはギャンブル好きの男だった。彼は連日、カジノに入り浸っていた。

ある日、ジョニーは教会での礼拝の際、間違えて献金箱にポーカーチップを入れてしまった。神父が不思議そうな顔をしてポーカーチップを眺めているので、ジョニーはごまかすためにこう言った。

「間違えて子ども用のおもちゃのお金を献金箱に入れてしまいました。この一ドル札とすぐに交換しますね」

神父が答えた。

「構いませんよ」

「すいません」

「でも」

神父が続けて言った。

「赤のチップは一ドルではなくて五ドルではありませんか？」

世界のギャンブラー列伝

世界には「伝説のギャンブラー」と呼ばれる人たちがいる。

「天才ギャンブラー」として名を残すのが、アメリカ人のエドワード・オークリー・ソープ。数学者として大学の教壇に立っていた彼は、トランプのブラックジャックにおける「カードカウンティング」の手法を編み出した。

ソープは大学の大型計算機を使って、ブラックジャックの勝利法を確率論から分析。数学理論を用いた必勝法を生んだのだった。彼はこの手法を用いて、二日間で一万ドルを二倍以上にしたとされる。

その後、カジノ側もシャッフルなどによる対策を強化し、現在ではカードカウンティングは世界中で禁止されている。ソープはその後、その理論を株式投資に活かして、巨額の富を築いたとされる。

日本人で世界的に有名なギャンブラーと言えば柏木《かしわぎ》昭男《あきお》。不動産投資家だった柏木は、ラスベガスなどで巨額の勝負をすることで有名になった。一九九〇年一月、オーストラリアのカジノではバカラで約二九億円を稼いだとされる。バカラとはトランプを使って行うカジノゲームの定番である。

翌二月、柏木はアメリカのニュージャージー州にあるカジノに招待された。招いたのは、後にアメリカ大統領となるドナルド・トランプ。柏木はトランプが経営するカジノで同じくバカラに挑戦。約六〇〇〇万ドル（約九億円）の勝利を収めた。

屈辱にまみれたトランプは再戦を期し、有名な数学者を招聘して必勝法を研究。その結果、「カジノ側が勝つためには、できるだけ長く勝負を続けること」という重要なアドバイスを得た。

同年五月、トランプから再戦を挑まれた柏木は、改めてバカラのテーブルについた。トランプは必勝法に沿ったゲームの条件を提示し、柏木はそれを受諾。柏木は序盤戦を順調に制したが、最終的には約一〇〇〇〇万ドル（約一五億円）を失う大敗を喫した。

その後も柏木はトランプとの最終決着に意欲を見せていたが、平成四（一九九二）年一月三日、山梨県の自宅にて首や胸など十数カ所を刺されて死亡した。

犯人は今も見つかっていない。

●核戦争

核戦争の研究家が、カジノで狂ったように賭けていた。その様子を見ていた者たちがささやいた。

「おい、明日、何か起きるんじゃないか？」

●交通事故

　ギャンブル好きのスミス氏がカジノを出て歩いていた際、交通事故に遭って死んでしまった。そこでギャンブル仲間の一人の男が、スミス氏の妻にこの悲劇を知らせに行くことになった。

　男はスミス氏の自宅の玄関のチャイムを押して言った。

「こちらはスミス未亡人のお宅でしょうか」

　妻が返事をした。

「ここはスミスの家ですが、私は未亡人ではありませんよ」

この言葉を聞いた男が言った。

「賭けましょうか」

●必要

ギャンブル好きの男がカジノへ行く途中、同行の友人にこうつぶやいた。

「今日はどうしても、プラマイゼロでいきたい。だって、この金は絶対に必要なものなのだから」

●ポーカー

ロンドンの郊外に立つ貴族の邸宅で、男たちがポーカーを楽しんでいた。それは毎月一回、行われるもので、家族同伴のパーティーの一環だった。

その夜、ポーカーはいつも以上に白熱した。もうお開きにするべき時間となったが、勝負がつかない。一人の男が妻とまだ小さな娘に言った。

「君たちは先に家に帰りなさい。私はもう少し楽しんでから戻るよ」

妻と娘はこうして一足先に帰宅の途についた。

数時間後、ポーカーは終わった。男は随分と負けてしまった。しょんぼりと家に帰ろうとすると、外は大雪が降っていたようで一面の銀世界だった。男は膝まで雪に埋まりながら帰宅した。

家に着いた時、彼のズボンはびしょ濡れだった。彼はズボンを脱いでパンツ一枚になり、階段をのぼって自分の部屋へと歩いた。

廊下の途中にある娘の部屋からは、まだ灯りが漏れていた。ドアが少し開いていたので中を覗くと、娘はベッドの上で本を読んでいた。父親に気づいた娘が言った。

「おやおや、困ったお父さんね。ズボンを取られるまで負けるなんて」

●決別

ギャンブルで身を持ち崩した男が、精神科医のもとを訪れた。男は医者にこう言った。

「私のギャンブル狂いのせいで、家族は路頭に迷い、大変な迷惑をかけてしまいました。もはや良心の呵責に耐えられません。私はこれまでの自分と決別したいのです」

「なるほど。では金輪際、ギャンブルとは決別するということですね」

男は首を横に振って答えた。

「いえ、そうではありません。決別したいのは良心となんです」

【宝くじ】

●神頼み

一人の男が教会で神に祈りを捧げていた。

「神よ。どうか私を助けてください。私は商売に失敗して破産してしまいました。このままではクルマを売らなければなりません。どうか宝くじを当てさせてください」

宝くじの当選発表の日がやってきた。しかし、当選したのは別の男だった。

一週間後、男は再び教会にやってきて神に祈りを捧げた。

「神よ。どうか次こそは私を助けてください。クルマを売りましたが、まだお金が足りないのです。このままでは家を売らなければなりません。どうか宝くじを当てさせてください」

宝くじの当選発表の日がやってきた。しかし、当選したのはまた別の男だった。

一週間後、男は三たび教会にやってきて神に祈りを捧げた。

「神よ。どうか今度こそ私を助けてください。家も売りましたが、まだお金が足りないのです。このままでは一家心中しなければなりません。どうか宝くじを当てさせてください」

するど突然、天空からまばゆい光が射し、何者かの声が聞こえてきた。それは誰あろう神の声であった。神は言った。

「おまえの願いはわかっている。私はおまえを助けたいと思っている。しかし、私にもできることとできないことがある。そこでここはお互いに歩み寄ろうではないか」

「と言いますと?」

神は一息ついてから言った。

「宝くじを買わんか! このバカもの!」

宝くじを巡る幸福と不幸

「一等が当たる確率は、落ちてきた隕石に当たる可能性より低い」とも言われる宝くじ。

江戸時代には「御免富《ごめんとみ》」や「富突《とみつき》」といった籤《くじ》が人気を博した。番号の書かれた札を木箱に入れ、穴から錐《きり》で突いて当たり札を決める仕組みである。このような籤は寺社の再建費用などの名目で行われた合法的なもの。これに対し、「影富《かげとみ》」と呼ばれる非合法の賭博も存在した。

世界の宝くじで史上最高の賞金額が出たとされるのは、二〇一六年一月のアメリカ。「パワーボール」と呼ばれる宝くじで出たのは、実に一五億八六〇〇万ドル（約二一一〇億円）もの賞金であった。ただし、当選者が三人いたため、分配されるかたちになったという。

二〇二二年七月には、それに次ぐ高額が出た。こちらも舞台はアメリカで、賞金額は推定一三億三七〇〇万ドル（約一七八〇億円）。当選者は一人だったということだが、氏名などは公表されていない。

などと書いている間にも、新たな当選情報が。パワーボールにて二〇億四〇〇〇万ドル（約二九七〇億円）という史上最高額が出たという。

想像もつかないほどの大金を手に入れた当選者たちだが、海外では「宝くじの呪い」という表現がしばしば使われる。「宝くじ当選者は幸福になれない」という意味である。

いわく「強盗などへの恐怖」「多くの者が金を借りにくるストレス」「友人関係が崩れて孤独に陥る」「夫婦関係に亀裂」などの現象が深刻だという。そして結局、「多くの当選者は数年以内に大金のほとんどを使い切ってしまう」とのこと。さらには「その後も生活レベルを落とせない」「そういったショックから、自殺率が高い」といった報告まであるから、随分と悲惨な顛末である。人間の業とはそういうものだろうか。

中には以下のような悲劇も。アメリカのインディアナ州に住むとある老人が、高額の宝くじに当選。しかし、その当選を知った当日、交通事故に遭って死亡してしまったという。

日本では昭和五十一（一九七六）年十二月、「一等一〇〇〇万円」という当時としては破格の高額当選金をウリにした年末ジャンボ宝くじが発売されたが、同月二十一日、売り場に群衆が殺到したことにより、二名が死亡するという痛ましい事故が発生している。

当たるも吉凶、当たらぬも吉凶。禍福《かふく》はあざなえる縄のごとし。とかくこの世は難しい。

●強運の持ち主

宝くじ売りが、大富豪の邸宅を訪問して言った。

「一ドルくじを一枚だけでもいいから買っていただけないでしょうか。売らなくてはならないノルマがあって困っているのです」

大富豪は人助けだと思い、宝くじを買ってやった。

翌週、大富豪の邸宅に宝くじ売りが駆けつけてきた。大富豪が買った一ドルくじが当たったという。宝くじ売りが言った。

「おめでとうございます！　一ドルが一〇万ドルになりました！」

「そうか。それは良かった。では君にも分け前をあげよう。今すぐ一万ドルを一括でもらうか、それとも毎年二〇〇〇ドルずつを死ぬまでもらうか、どちらがいいかね？」

宝くじ売りは少し考えてからこう答えた。

「それでは一括のほうでお願いします」

「よし、わかった。そうしよう。しかし、毎年もらうほうがきっと得だと思うが、なぜ一括にするんだね？」

宝くじ売りが答えた。

「あなたはとにかく強運の持ち主のようですからね。毎年二〇〇〇ドルずつにしたら、私は二年と生きられないのではないかと」

●半分

宝くじを一〇ドル買ったら、それが大当たりで一〇万ドルになったという男が、友人に言った。

「信じられない幸福だよ。僕はこの幸福を社会に分け与えたいと思う。それが僕の社会的義務だと思うんだ」

「なるほど。それは良い考えだね。で、何をする気だい？」

「僕はお金の半分を寄付することにしたよ」

「なんと！　それはすばらしい！」

男が言った。

「まあね。これで僕の財産は残り九万九九九五ドルだ」

●手紙

親愛なるあなたへ
私は今、激しく後悔しています。あなたとの婚約を破棄してしまうなんて。私はどうかしていたのです。あなたを失ってから、私は最も大切なことに気が付きました。やっぱり私はあなたなしでは生きていけません。

永遠の愛を込めて。

追伸・宝くじの一等が当たったとのこと、謹んでお祝い申し上げます。

●無神論者

村人たちが宝くじに夢中になっていた。そんな姿を見て胸を痛めた教会の牧師が言った。

「君たちは教会にも来ないで宝くじなんぞにうつつをぬかしている。どうしてなんだ？君たちは無神論者なのか？」

すると村人の一人が言った。

「牧師さんは宝くじを知らないようで。宝くじを買っているやつに無神論者なんていませんよ」

●ラッキーナンバー

ある男が友人に言った。

「俺のラッキーナンバーは五なんだ。誕生日は五月五日。で、誕生日に宝くじを五五ドル買ったら、これが当たって五倍になったんだ。それで、その金を持って競馬場へ行き、第五レースで五番の馬に全額を賭けたというわけさ」

「それはすごい！　で、どうだった？　何着だった？」

男が答えた。

「五着だったよ」

第5章

お金を巡る罪と罰

【泥棒】

●稼ぎ

父親が隣人と話していた。

「我が家の四人の息子も無事に全員が成人しました」

「それは良かったですね。彼らは何をしているのですか？」

「長男は経済学の学位を取りました。次男はＭＢＡ（経営学修士）を取得しました。三男は経済学の博士号まで取っています。四男は泥棒です」

「なるほど。では四男はもう勘当すればよろしいのでは？」

父親は首を横に振りながら言った。

「それは無理です」

「なぜ？」

父親が言った。

「稼ぎがあるのは四男だけですから」

●長距離走

ジョニーがカッコいい腕時計をしていたので、友人が聞いた。

「その時計、とても素敵だね。どうしたんだい？」

「これかい？　これは長距離走で一等になって手に入れたんだ」

「へえ。それはすごい！　その長距離走には何人くらい参加していたの？」

「三人さ」

「たった三人？」

「そう。俺、時計の持ち主、それから警察官だね」

世紀の強盗事件

イギリスの登山家、ジョージ・マロリーは、

「なぜ、山に登るのか。そこに山があるからだ」

との名言を残した。

一方、アメリカの有名な銀行強盗犯だったウィリー・サットンは、

「なぜ銀行強盗をするのか?」

と問われた際、こう述べたと言われる。

「そこに金があるからだ」

お金というものがこの世に生み出されて以降、それに付随してさまざまな犯罪が誕生した。そこには必死に絞り出された知恵があり、驚くような工夫があり、間抜けな失敗が山ほどあった。

一九九七年九月一日、スイスのチューリッヒで起きた郵便局強盗は「世紀の強盗事件」として歴史に刻まれる。その被害額はなんと五三〇〇万フラン(約六一億円)。これは同郵便局の前年度の全利益に相当する額だった。

犯人グループはイタリア人やレバノン人などからなる五人組。彼らは郵便局に出入りする社用車に偽装した盗難車で敷地内に難なく侵入し、現金を輸送車に積み込もうとしていた職員らを脅した。「おもちゃの拳銃」で。

彼らは現金の入った箱を次々と盗難車に運び入れた。しかし、トランクがいっぱいになってしまったため、二つの箱をそのまま置いて立ち去った。二つの箱の中には一七〇〇万フラ

ンが入っていた。結局、怪我人は一人も出なかった。

翌日、この事件は「一滴の血も流れることなく、世界最高額が盗まれた」と大きく報道され、大変な騒ぎとなった。

「伝説の強盗」として有名なイギリス人のロナルド・ビッグズは、犯人グループに対し、「心から尊敬する。私ならもっと大きなクルマを用意するけどね」

とコメント。自動車メーカーのマツダは、

「郵便局強盗さま、マツダE２０００なら現金七〇〇〇万フランを収容できる十分な荷物スペースがありますよ」

というユーモア溢れる広告を出して大いにウケた。

結局、その後に犯人グループは検挙され、懲役刑などを受けた。しかし、二七〇〇万フランほどの金がいまだ行方不明となっている。

世界中を騒がせた大変な事件であった。

なぜ、彼らはそんなことをしたのだろう？

そこに金があったからか。

●被害額

銀行強盗に成功した犯罪グループが、秘密のアジトまでたどり着いた。一人が言った。

「よし、早速いくらあるのか数えてみよう」

するとリーダーの男が言った。

「いや、そんな必要はない。疲れたから今夜はもう休もう」

「しかし……」

リーダーはニヤリと笑ってから言った。

「大丈夫。明日の朝のニュースを見れば金額はわかるさ」

●選手村にて

オリンピックの選手村。とても高級そうな一着のジャケットが、玄関ロビーのソファに置かれていた。そこには一枚の紙が貼られ、

「このジャケットはボクシング金メダル候補のもの。一〇分以内に戻ります」

と書かれていた。

数分後、そのボクサーが戻ってみると、そこにあるはずのジャケットはなくなってい

た。代わりにそこには一枚の紙が置かれていた。その紙にはこう書かれていた。

「君のジャケットはいただいた。マラソンの金メダル候補より」

●母の教え

裁判長が被告に聞いた。

「洋服屋に強盗に入ったおまえは、現金だけでなく、洋服も盗んだというわけだな」

被告が答えた。

「ええ、もちろんです。私は小さな時から母親にこう言われて育ちましたから。『人生で大事なのはお金だけじゃない』と」

●古い紙幣

有名な泥棒が捕まり、刑に服すことになった。入獄に際し、まずは所持品の検査が入念に行われたが、その中に随分と古くて汚れた一ドル紙幣があった。泥棒が看守に言った。

「これだけは没収しないでください。一生のお願いですから」

「なぜだ？」

泥棒が答えた。

「これは私が最初に盗んだ金なんです。初心を忘れないようにしたいんですよ」

●告解

教会の告解部屋。ひざまずく男に対し、牧師が言った。

「あなたはこれまでに、他人の役に立つようなことをしてきましたか？」

男が答えた。

「はい。私は多くの刑事さんに仕事を与え続けてきました」

私が出会った世界各地の犯罪者たち

長い取材生活、これまでに多くの国々でさまざまな犯罪に巻き込まれてきた。

ルーマニアには「ニセ警官」がいた。警察官の格好をした彼らは、

「所持金のチェックをする」

などと言って近づいてくる。財布の中は、第2章で既述したようにインフレで札束状態。

札束を渡すと、ニセ警官は手際よく紙幣の枚数を数え、そして返してくれる。しかし、この時にはまるでマジシャンのごとく、すでに数枚のお札が抜き取られているという名人芸。私はそのような手口を友人のルーマニア人から教えてもらっていたし、ルーマニア語も話せるので撃退できたが、何も知らない外国人旅行者たちは絶好のカモとなっていた。

トルコからルーマニアに向かう列車内でトイレを使った時のこと。トイレを出ると車掌が拙い英語で、

「トイレは一回、一〇ドル」

と言ってきた。すぐに口論となったが、その中で判明したのはその車掌がルーマニア人ということだった。すると彼は、

「失敗したなあ。何も知らない日本人だと思ったのに」

とルーマニア語で苦笑い。

「日本人だからってカモにするなよ」

で手打ちとなったが、これも言葉や現地の事情に明るくない旅行者なら払ってしまうかもしれない。

私が列車で失敗したのは、ブルガリアであった。ブルガリアを走る夜行列車に乗っていた

時のこと。その列車の治安の悪さを事前に聞いていた私は、念の為に寝台の個室を取っていた。夜、私は個室の扉に内側から鍵を掛け、そして安心して寝入った。

しかし、翌朝、起きてみると、私のカバンの中にあった財布から紙幣が抜き取られていた。日本円にしたら大した額でもないし、念には念を入れてお金はいくつかの場所に分けて保管していたため、取材費の全額を失ったわけではなかったが、私は「密室から金が消えた」ことに驚き、あまりの薄気味悪さに恐怖を感じた。

その後、ブルガリアでいろいろと話を聞いてみると、この事件の犯人はどうやら「車掌」ということだった。「車掌は個室の鍵を持っており、乗客が寝静まった後に忍び込んで金を盗む」というのである。改めて思い返してみると、寝ている時に目にまぶしさを感じた時があった。これは「車掌が懐中電灯を使って、乗客が十分に寝入っているかどうかを確認している」ということであった。

日本の鉄道会社でこんな事件が起きたら大変な騒ぎになるだろうが、東欧では「珍しくない」「油断しているほうが悪い」というのが現実だった。

中国のハルビンを訪れた際には、深夜に空港から乗ったタクシーが森の中で停車。そこで待ち構えていた別のタクシーに乗り換えるよう指示された。乗り換えたタクシーのメーターの金額がガンガン上がっていったのは自明のことである。空港に出入りするタクシーは正規のメーターの使用について一応取り締まりがあるため、このような「リレー方式」を考案して稼いでいる様子であった。乗り換えたタクシーの車内には、ドライバー以外に二人の共犯者がボディガード役として乗り込んでいた。こちらも日本円にしたら大した被害額ではなかったが、私の完敗だった。

世界では多くの人たちが悪知恵を駆使し、手練手管の限りを尽くしてお金を得ようとしている。彼らは言うかもしれない。「愛する家族を養うため」「豊かな国の人から少しくらい金を取ったってバチは当たらない」。

一方、訪日観光客の多くが「日本の長所は？」との質問に「治安の良さ」と答える。それを聞いた日本人は「そんなこと？」とあまりピンとこないかもしれない。

しかし、これは本当に誇るべきことなのだと私は思う。

●アリバイ

ニューヨークでのこと。銀行強盗の疑いで逮捕された男が言った。

「犯人は私じゃありませんよ。私にはアリバイがあるんです。その時間、私はデトロイトでクルマを盗んでいたんですから」

●効果

とある会社。社長が社員に聞いた。

「頼んでおいた夜間警備員の募集広告は出したかね？」

「はい、もちろん」

「で、効果は？」

社員が答えた。

「広告を出した途端、泥棒に入られました」

●三段階のテスト

一人の男が、市場で切れ味の良いナイフを探していた。彼はこういう時、常に三段階のテストを行う。

まず、綿毛を飛ばしてそれを切る。

これがうまくいったら、次に石を打つ。火花が出れば合格だ。

そうなれば最終テストである。彼は周囲を見回し、すばやくナイフを胸元に隠す。これがうまくいかなければ、ナイフは返さざるをえない。

●バカな奴だ！

ある家に泥棒が入った。泥棒は銃を構えながら主人に言った。

「おまえの財布をこっちに寄越せ」

主人は静かに財布を渡した。泥棒は言った。

「バカな奴だ！　銃に弾など入っていないのに」

それを聞いた主人が言った。

「バカな奴だ！　財布に金など入っていないのに」

●刑務所暮らし

とある常習の泥棒が懲役刑となり、刑務所暮らしを送っていた。彼のもとには一人の面会者も来なかった。それに気づいた看守が聞いた。

「おまえも孤独な男だな。家族や友人はいないのか？」

すると泥棒が答えた。

「いえ、家族も友人もみんなここに入っているので」

●少年時代

老人が古き良き少年時代を振り返って孫に言った。

「昔は良かったよ。母が私に一ドルくれるとね、それを財布に大切にしまってからお店に行くんだ。お店にはいろいろな品物が溢れていた。帰りのポケットの中はチョコレートや飴、それからガムやクッキーなど、たくさんのお菓子でいっぱいだ。良い時代だった。本当に楽しかったな」

老人が続けた。

「今ではもうそんなことはできないね。社会は大きく変わってしまった」

老人はため息をついて言った。

「そう。今やどこの店も監視カメラだらけだものな」

●謎の招待券

ニューヨーク郊外の新居に若い夫婦が引っ越してきた。

ある日、郵便ポストに一枚の招待券が入っていた。それは週末にブロードウェイで催される人気のミュージカルのチケットだった。しかし、送り主の名前はなく、「誰だと思う？」と書かれた便箋だけが添えられていた。二人はいろいろと考えたが、思い当たる送り主はいなかった。

週末、二人は不思議に思いながらも、その招待券を持って劇場へと向かった。二人はすばらしいミュージカルをたっぷりと楽しむことができた。

しかし、帰宅すると二人は異変に気付いた。家じゅうが荒らされていたのである。テーブルの上には「これでわかったね」と書かれた便箋が置かれていた。

【詐欺】

●ケーキ代

とある男がレストランに入り、ケーキを一つ頼んだ。

テーブルにケーキが運ばれてくると、男は店員に言った。

「悪いけど気が変わった。ケーキはやめて、その代わりビールにしよう。いいかい？」

「もちろんです」

男は運ばれてきたビールをうまそうに飲んだ。そして、そのビールを飲み干した男は、そのまま店を出ていこうとした。慌てて店員が呼び止めた。

「ちょっと待ってください。まだビール代をいただいておりません」

「だってその代わりにケーキを返したじゃないか」

「それを言うなら、ケーキの代金だっていただいていませんよ」

男は言った。

「おい、この店は食べてもいないケーキの代金まで取る気か？」

マケドニアでの悲劇

マケドニア（現・北マケドニア）の首都・スコピエで取材していた時のこと。とある公園に小さな人だかりができているのを見かけた。

何だろうと思い近づいてみると、テーブルを前にした人の良さそうな男が、にこやかに笑いかけてくる。テーブルの上には、小さな赤いボールが一つとカップが三つ。このボールをまずカップの中に入れる。そして、カップの位置を手際よく入れ替えて移動させる。男はニコッと笑って言う。

「ボールはどのカップの中にある？」

男の動作はそれほど速くないし、途中でカップの中身を見せてくれたりもするから、見ているほうは、

「絶対に真ん中のカップだ」

などと思う。そこで金を賭けさせる。周囲の人たちも、

「これはチャンスだぜ。絶対に真ん中だ」

などと言って、どんどん賭けていく。

お金が出揃い、さあ答え合わせ。期待と興奮の瞬間。しかし、ボールはあろうことか、無情にも右か左のカップから出てくるというわけである。

すべては巧みな手品とお芝居。周囲の人たちは日本語の隠語で言うところの「サクラ」。そんなこととは露知らず、醜き欲望と射幸心に踊らされた者たちは、あっさりとこのショーに乗っかって大事な金を喪失するのであった。

まだ二〇代で若かった私もその一人である。

スコピエはかのマザー・テレサの生まれた街。貧者救済などの活動によってノーベル平和賞を受賞した彼女は、

「世界平和のために私たちはどんなことをしたらいいですか?」

との質問に、

「家に帰って家族を愛してください」

と答えたという。私欲と山っ気に負けて財布を薄くした私は、悔しさと自己嫌悪の中で、

(そろそろ家に帰るか)

と思ったものである。

このような街の片隅で起こる貧相な事件もあれば、世界には巨大な詐欺事件も。一九八九年、タイで詐欺容疑で逮捕された女詐欺師のチャモーイ・ティプソーは、いわゆる「ネズミ講」によってなんと二億ドル余りもの大金をせしめようとしたという。

その額も額なら、刑も刑。ティプソーに言い渡された懲役刑は、一四万一〇七八年だった。

●バナナの皮

一人の旅人が川岸を歩いていると、バナナの皮を洗っている少年と出会った。旅人が

聞いた。

「なぜ君はバナナの皮など洗っているのかね？」

少年が答えた。

「それは教えられないんだ」

旅人はどうしても気になったので何度も頼み込んだが、少年はなかなか理由を話してくれなかった。やがて少年が言った。

「じゃあ一〇ドルちょうだい。そうしたら教えてあげるよ」

旅人はしかたなく一〇ドルを渡した。

「よし、これで教えてくれるな。なぜ君はバナナの皮など洗っているんだい？」

少年がニコッと笑ってから答えた。

「間抜けな旅人から一〇ドルせしめるためにさ」

●目論見通り

とある大学教授がタクシーに乗ったが、途中で財布を忘れていることに気がついた。教授はしばらく考え、ドライバーにこう言った。

「そこの銀行で停めてくれ」

「どうかしましたか？」

「どうやら一〇〇ドル札をこの車内のどこかに落としてしまったのだが、どうしても見つからないんだ。だから、ちょっとお金をおろしてくるよ」

教授は銀行へと入っていった。

戻ってくると、教授の目論見通り、タクシーは消えていた。

●切符

出張から自宅に戻った夫が妻に言った。

「帰りの列車の中で、ちょっと気分の悪いことがあったよ」

「どうしたの？」

「俺の脇を通った車掌が、まるで俺が切符を持っていないかのようにして、ジロジロと見てきやがったんだ」

「あら、嫌ねえ。それで、あなたはどうしたの？」

夫が答えた。

「俺かい？　俺はまるで切符を持っているかのようにして、思いっきり睨み返してやったよ」

薩摩守とは？

無賃乗車の一種に「キセル乗車」というのがある。これは、乗る駅の近くと降りる駅の近くの乗車券もしくは定期券だけを買い、途中はタダ乗りすることを表す俗語。「煙管（キセル）」の両端だけ「金属（カネ）」が使われていることから生まれたシャレとされる。

また、最近ではあまり使われない表現だが、かつては無賃乗車のことを「薩摩守《さつまのかみ》」と呼んだ。これは、薩摩守だった平 忠度《たいらのただのり》の「忠度」と「タダ乗り」をもじった言葉遊びである。

私が遭遇した「薩摩守」と言えば、以前、ルーマニアの首都・ブカレストから夜行列車に乗って、ユーゴスラビア（当時）のベオグラードへ向かっていた時のこと。私は車内で一人

のルーマニア人の青年と仲良くなった。私たちはしばらく他愛もない会話を楽しんだが、国境が近づくと彼は、

「では、良い旅を」

と言って姿を消した。

その後、列車は国境手前の駅に停車。列車内でパスポートのチェックなどが始まったが、その内に駅員たちが慌ただしく車内やプラットホームを走る様子がうかがえた。不思議に思って見ていると、やがて、

「屋根裏にいたぞ」

との駅員の声。その後、私の目に飛び込んできたのは、先ほどまで私と仲良く喋っていたあの青年が、駅員に捕まって連行される姿だった。どうやら彼は列車の屋根裏に隠れ、ユーゴスラビアへの密入国を試みたようであった。後に聞いたところによると、ルーマニアよりも経済状態の良いユーゴスラビアへの違法な出稼ぎを企てる若者が多いとのことだった。

単なる「薩摩守」では済まされない事件であったが、少し前まで笑顔で楽しく話していた青年がその直後に逮捕された姿を見て、私は少なからずショックを受けた。

連行される彼とは一瞬、目が合ったような気がした。彼は笑みを浮かべているようだった

が、それは『失敗、失敗。またやるさ』という顔にも見えたし、『金持ちの日本人にはわからないだろう。笑うなら笑え』との自嘲の混じった表情にも見えた。

彼の本音は藪の中。その笑みだけが、今も妙に心に残る。

●不正乗車

大きなスーツケースを持った男が、長距離列車に乗り込んだ。

やがて車掌が検札にきたが、その男は切符を持っていなかった。車掌が言った。

「乗車賃として五五ドルいただきます」

「いやあ、それは随分と高いね」

「決まりですから」

「半額くらいにならんかね」

「それは無理です」

男はいつまで経っても金を払おうとしなかった。二人の問答は実に一時間近くも続いたが、やがて列車が川の上に架かる橋を渡っていた際、ついに怒りの頂点に達した車掌が、男のスーツケースを川へと放り投げてしまった。男は大声で怒鳴った。

「おい！　何をするんだ！」

男は続けて叫んだ。

「この鉄道会社は法外な値段を要求するだけでなく、うちの息子を溺死させようというのか！」

【通貨偽造】

●発見率

警察官がテレビ番組で言った。

「我が国における偽札の発見率は一〇〇パーセント。割に合わない犯罪だから、やめたほうがいい」

その番組を観ていた一人の男が、こうつぶやいた。

「いまだに俺のは発見できないようだな」

偽札

お金の歴史は、贋金との戦いの歴史でもある。お金が誕生してすぐ、贋金も生まれたことは想像に難くない。以来、飽くなき知恵比べ、技術比べが続いているのだろう。

現在の日本における偽札は他国よりも少ないと言われるが、先のジョークの通り、その証明は論理矛盾に陥るのではないかとも思える。

実際に日本で一年間に発見された偽札（偽造銀行券）の数は、平成三十（二〇一八）年で一五二三枚（一万円札）。日本の紙幣の精巧さは世界一と評され、「模倣できたとしても、コストがかかりすぎるからやらない」とも言われる。

一方、偽札に悩まされているのが中国。その惨状は「ＡＴＭからも偽札が出てくる」と称されるほど。二〇二〇年五月には、警察当局が広東省と黒竜江省の偽札製造の拠点などに踏み込み、総額で四億二二〇〇万元（約六四億円）もの偽札を押収。「中国建国以来、最大規模の偽札事件」と報じられた。

私も以前、上海の店で買い物をして一〇〇元札を払った際、

「これは偽札だからダメ」

と言って返されたことがある。しかし、後に他の中国人から話を聞くと、

「おそらくあなたが最初に渡した一〇〇元札は本物。店員はすばやくすり替えて、あなたに

偽札を渡したのだと思う」

との見解だった。「偽札大国」の中国ではよくある手口だという。社会全体がババ抜きをしているのかと呆れ返った。

中国で急速に普及したモバイル決済。その大きな理由は、実は「偽札対策」であった。

●精巧な偽札

とても器用な中国人の男が、偽札づくりに挑戦した。彼は研究に研究を重ね、極めて精巧な一〇〇元札を完成させた。顕微鏡で繰り返し確認しても、本物と寸分の差もない出来だった。彼はとても満足した。

しかし、その偽札は使用するとすぐに発見され、彼は逮捕されてしまった。ショックを受けた彼は、警察官に聞いた。

「私の偽札はどこに問題があったのでしょうか?」

警察官が答えた。

「おまえが見本にした一〇〇元札が偽札だったのだ」

【賄賂】

●橋

アメリカとロシアと中国の政治家が、一緒に世界を巡っていた。三人はまずアメリカへ行った。アメリカの政治家が言った。

「あそこに橋が見えるでしょう?」

二人が答えた。

「ええ。立派な橋ですね」

「ここだけの話、建設費の一〇%を懐に入れました」

「なるほど」

次に三人はロシアを訪れた。ロシアの政治家が言った。

「あそこにビルが見えるでしょう?」

二人が答えた。

「高いビルですね」

「私は建設費の三〇％を懐に入れました」

「やりますなあ」

最後に三人は中国を訪れた。中国の政治家が言った。

「あそこにダムが見えるでしょう？」

二人が答えた。

「いいえ。何も見えませんが？」

中国の政治家はニヤリと笑って言った。

「私は建設費の一〇〇％を懐に入れました」

中国と日本の「政治とカネ」

ロシアには「漆を塗っていないスプーンは口が荒れる」という表現がある。「漆」が指しているのは賄賂。つまり「賄賂があったほうが社会は滑らかになる」といった意味である。ロシアでは政治や官僚の世界はもちろん、医療や教育の現場などでも賄賂が幅広く浸透している。

中国社会もこれに近い部分があるが、その規模はさらに壮大である。

清の乾隆帝《けんりゅうてい》の寵愛を受けた和珅《わしん》という人物は、「賄賂の達人」として中国史に名を残す。没後に没収された遺産は、当時の国庫収入の約一〇年分に相当したという。

二〇一八年、不良債権処理を中核事業とする政府系金融アセットマネジメント会社の頼《らい》小民《しょうみん》元会長が、収賄罪などで逮捕された。賄賂の総額は、なんと約一七億八八〇〇万元（約二七三億円）。この事件は「中国史上最大の収賄事件」と称された。頼小民は二〇二一年一月、個人財産没収の上、死刑に処された。

日本でも「政治とカネ」という言葉がメディアを賑わせる。賄賂に関するニュースは、国民の気を重くさせる。

一説には「ごまかす」の語源は「胡麻菓子」だとか。これは江戸期の文化文政時代に流行した「胡麻胴乱」というお菓子が「中身が空っぽで見掛け倒し」だったことに由来するという。現代の日本にも、多くの胡麻菓子が飛び交っていそうだ。

ただし、こんな歴史的な逸話も紹介したい。「トロイ遺跡の発掘」などで知られるドイツの考古学者、ハインリヒ・シュリーマンは、幕末に来日。彼は船に乗った際、正規の料金よりも多い金額を船頭に渡した。なぜなら、日本に来る前に訪れた中国（清国）で、料金よりも多い額を後から請求されることが続いたためである。ところが、日本の船頭は、

「これは規定の料金とは違いますよ」

と言って、余分なお金を返してきたという。シュリーマンは日本人の精神に感銘を受けたとされる。

現在の日本が、泉下のシュリーマンが嘆くような国になってしまっているとしたら情けない。

●息子の将来

一人の農民が、息子に農場を継がせるかどうかで悩んでいた。

そこで彼は一計を案じた。息子の部屋の机の上に、リンゴと聖書と一ドル紙幣を置いておいたのである。息子がリンゴを取れば農場を継がせ、聖書を取れば牧師にし、一ドル紙幣を取れば実業家にしようと考えたのであった。

しばらく待った後、彼は息子の部屋のドアを開けてみた。

すると息子はリンゴをかじりながら、聖書に腰掛けていた。彼は息子に聞いた。

「おい、一ドル紙幣はどうした?」

息子は答えた。

「知らないよ」

息子は後に政治家になった。

国際社会は元悪童ばかりか

現在の世界の主だった指導者を並べてみれば、リンゴをかじりながら聖書に腰掛け、一ドル紙幣を着服しそうな元悪童ばかり。

中国の習近平は、中国共産党の有力幹部の息子として生まれた。しかし、父親が文化大革命で失脚した結果、習近平は「反動分子の子弟」として農村に送られ、洞窟のような住居で七年も暮らしたという。中国共産党に入党してからは、次々と政敵を排除し、国家主席の座にまで上りつめた。

ロシアのウラジーミル・プーチンの父親は機械技師。少年時代のプーチンは決して裕福とは言えない生活環境で過ごし、近所では有名な「悪ガキ」だったという。そんな彼の転機となったのが柔道との出会い。柔道を始めて「更生した」とされるが、現下の行動を見れば残念ながら「更生していなかった」と言わざるをえない。今や悪ガキでは済まされない状況にある。

北朝鮮の金正恩の父親は、言わずと知れた金正日。独裁者の三男として生まれた金正恩は、生年月日も不詳。小さい頃には、日本のテレビゲームにはまっていたとも言われる。スイスに留学経験があり、当時のクラスメートは、

「彼は面白かった。いつも人を笑わせていた」

と証言する。前述の二人とは異なり、母国の経済は破綻していても、小さい頃からお金に不自由した経験などはなさそうだ。権力掌握後は粛清を繰り返し、独裁政治を続けている。

そのような国々に囲まれている日本の政治家には、どのような人物像が求められるであろう。宿題やテスト勉強が得意なだけの人物では、とてもではないが太刀打ちできないような気もするが。

永田町にも、リンゴと聖書と一ドル紙幣を置いて観察してみたい。

●将来の可能性

大統領が小学校を視察して言った。

「設備の改善に一〇万ドルの予算をつけろ」

その翌日、大統領は刑務所を視察して言った。

「設備の改善に一〇〇万ドルの予算をつけろ」

側近が聞いた。

「これではあまりに不平等ではないですか？　なぜ子どもには一〇万ドルで、犯罪者には一〇〇万ドルなのでしょうか？」

大統領が答えた。

「私が小学校に送られる可能性はないからね」

●清廉潔白

とある裁判の被告が弁護士に言った。

「裁判官に少しでもお金を送っておいたらどうでしょうか」

弁護士が顔をしかめながら答えた。

「とんでもない！　あの裁判官は清廉潔白な性格で有名な人だ。そんなことをしたら、勝てるものも勝てなくなってしまうよ」

その後、この被告は無罪となった。彼は喜んで弁護士に言った。

「あなたにはあのように言われましたが、実は私は内緒で裁判官にお金を送っておいたんです。それが効いたんだと思います」

「まさか！　あの裁判官に限ってそんなことはないと思うが」

「ええ。ですから、原告の名前で送っておきました」

第6章

お金を巡る人間模様

【ケチ】

●鰻屋にて

ある男が鰻屋の軒先で、持参したご飯を食べていた。鰻屋の主人が聞いた。

「おい、そこで何をしている？」

「鰻の香りを嗅ぎながら、ご飯を食べているんです」

「なんだと？　それでもお金は払ってもらうぞ。香り代だ」

　すると男は財布から硬貨を何枚か取り出し、「チャリン」と音をさせた。男は言った。

「じゃあ音だけな」

古典落語のケチ噺

前述のジョークは日本の小噺。古典落語には「ケチ」「吝嗇《りんしょく》」を笑う噺が少なくない。

例えば「片棒」という噺。主人公は赤螺屋《あかにしや》の主人で、その名もケチ兵衛。「赤螺屋」とはケチの異称で、巻貝の「アカニシ」が「一度フタを閉じたら、なかなか開かない」ことから「握ったものは放さない」といった意味に転じたとされる。

そんなケチ兵衛には三人の息子がいる。ケチ兵衛は誰に店を継がせるか、それぞれの金銭感覚を確かめようと考えた。そこでケチ兵衛は、

「もし、私が死んだらどんな葬式を出すか」

と三人に聞いた。

長男の松太郎は、

「立派な葬式を出そう」

と言い、通夜は二晩、僧侶を何十人も呼び、豪華な弁当や酒を参列者にふるまうとの答え。

ケチ兵衛は呆れる。

次男の竹次郎は、

「粋で色っぽい葬式を出そう」

と言い、芸者衆を呼び、遺骨を乗せた神輿を担いで町を練り歩き、位牌を落下傘に付けて花火で飛ばすとの答え。ケチ兵衛は次男を部屋から叩き出す。

三男の梅三郎は、二人の兄とは違って極端なケチ。

「死骸はどこかにほっぽり出して、鳥につつかせましょう」

さすがにケチ兵衛が、

「通夜くらいは出してくれ」

と頼むと、

「出棺は一〇時と知らせておいて、実際には八時頃に出してしまえば、菓子や食事を出さずに済むし、お香典だけ手に入れることができます」

との返答。さらには、

「棺は物置にある樽を使いましょう。樽は天秤棒で二人で担げるようにします。人手を雇うとお金がかかりますから、片棒は私が担ぎます。でも、一人では担げませんから、やっぱりもう片棒は人を雇ったほうが……」

すると、ケチ兵衛、こう言った。

「心配するな。俺が出て担ぐ」

●遺伝

医者が患者に言った。

「あなたのご病気ですが、なかなか良くなりませんね。これはご両親からの遺伝のようですが」

患者が言った。

「そうですか。では治療費は両親に請求してください」

●ケチとは

ケチとは、友人にしたくない人たちである。

しかし、先祖にはしたい人たちである。

●運

男が友人に言った。

「どうも俺の運も尽きたようだよ。全然、ツイてない」

「どうしたんだい？」

「先々週、叔父が亡くなって一万ドルの遺産が入ったんだ」

「すごいじゃないか」

「先週は祖母が亡くなって三万ドルの遺産が入った」

「こいつは驚いた！　それのどこがツイてないんだい？」

男はため息をついてから言った。

「今週は誰も死なないんだ」

【ケチ（ユダヤ編）】

●献金

キリスト教、イスラム教、ユダヤ教のそれぞれの信者が「神への献金」について話していた。キリスト教徒が言った。

「私は生活に必要な小銭だけはいただき、紙幣や金貨は神に献金します」

イスラム教徒が言った。

「私は暮らしに余裕がないので、小銭と紙幣はいただき、金貨は神に献金します」

ユダヤ教徒が言った。

「私はすべてを神に任せます」

二人が聞いた。

「と言いますと？」

ユダヤ教徒が答えた。

「小銭も紙幣も金貨もすべて空に投げるのです。そうすれば、神は必要な分だけお取りになるでしょう。落ちてきた残りものは私がいただきます」

犯罪まみれの聖地

英語には「一ペニーの節約は一ペニーの儲け（A penny saved is a penny earned.）」という表現がある。一方、イスラム教にはケチを戒める教えがある。

似たような行為でも「倹約」となれば美徳、「ケチ」となれば悪徳。その境界線は微妙である。

そんな中、「ケチキャラ」で世界のジョークのネタになっているのがユダヤ人。ヘブライ語で「神の支配」という意味を表すイスラエルは、第二次世界大戦後の一九四八年、ユダヤ人によって建国された。

私は二度、イスラエルを訪れたことがある。一度目は隣国のヨルダンから陸路での入国だった。

入国審査は約二時間もかかった。ヨルダンで買ったモスクの形をしたお気に入りの目覚まし時計（セットした時間になるとアザーン〔イスラム教における礼拝への呼びかけ〕が流れる）は、無残にも分解されて壊れてしまった。「時限爆弾」と疑われたようであった。

二度目のイスラエル入国は、テルアビブの空港からだった。大半の乗客はすんなりと審査を通過したが、私は別室に連れられ、荷物を細かくチェックされた。

「そのヒゲは何だ？」

と聞かれたが、何だと言われても答えようがない。かなりの難問だった。

そんなユダヤ人がジョークの世界で演じるのは、良く言えば「商売上手」だが、悪く言えば「狡猾」で「お金に汚い」という役柄。これは主に欧米人が抱く「ユダヤ観」そのものが濃厚に反映された結果と言える。

無論、イスラエルに滞在している際、「お金のトラブル」がとりわけ頻繁に起きるということなどない。むしろ親切で気前の良い人が多く、いたって親日的でもある。私がテルアビブのホテルのプールで泳いでいた時、

「日本人か？」

と声をかけてきたホテルマンは、

「昔、東京の路上でアクセサリーを売っていたことがある」

と言って、嬉しそうにビールをおごってくれた。

キリスト教、イスラム教、ユダヤ教の聖地とされるエルサレムには貴重な宗教的建造物が並ぶが、旧市街ではスリやぼったくり、置き引きなどの犯罪が多発していた。祈りの言葉に充ちた世界最大の聖地が「犯罪まみれ」という実態は、人間という生き物の業や本性を感じさせ、妙に「なるほど」と合点がいったものである。

●切手

ユダヤ人が郵便物を出そうとしていた。郵便局員が言った。

「この重量だと切手が足りませんね。もう一ドル分、切手を貼ってください」

それを聞いたユダヤ人が怒って言った。

「それはおかしいじゃないか。騙そうとしてもムダだぞ」

「騙そうとなんてしていませんよ」

ユダヤ人が叫んだ。

「切手を貼ったら、その分、重くなるじゃないか！」

●タクシー

ユダヤ人がタクシーに乗っていた。自宅に到着したので、ユダヤ人はドライバーに聞いた。

「いくらになるかな？」

「六ドルになります」

しかし、ユダヤ人の財布には、四ドルしか入っていなかった。ユダヤ人は言った。

「すまないが二ドル分、戻ってくれないか」

●妻の頼み

とあるユダヤ人がバーで友人に言った。

「うちの奥さんときたら、何かと『お金をくれ』とせがんでくるんだ。先週も、三日前も、そして今日もだぜ。これじゃあ際限がないよ。まったく、ウンザリするね」

「へえ、それはちょっとひどいな。いったい何に使っているんだろう」

ユダヤ人が答えた。

「それはわからない。まだ一セントもやっていないから」

●酒

禁酒法時代のアメリカ。道を歩いていた男が警察官に呼び止められた。

「おい、おまえ、随分と酒臭いじゃないか。飲んでいるな?」

「え?　あ、はい。申しわけありません」

「どこで酒を手に入れた?　誰から買ったんだ?」

「いや、その……。ユダヤ人の友人からもらったんですよ」

警察官は男に手錠をかけて言った。

「逮捕する。偽証罪だ」

【ケチ（スコットランド編）】

●胸焼け

真夜中、薬屋のインターフォンが何度も鳴らされた。寝ていた主人はしぶしぶ起きて、眠い目をこすりながら店の扉を開けた。すると一人のスコットランド人が立っていた。スコットランド人が言った。

「胸焼けがするんだ。薬をくれ」

薬屋の主人が答えた。

「勘弁してくれないかね、こんな夜中に。まったく……」

主人はそう言いながら薬を探した。やがて薬を見つけた主人が言った。

「薬は一四ドルだ。しかし、そもそも胸焼けなんて牛乳でも飲めば良くなるものだがね」

　それを聞いたスコットランド人が言った。

「そうなのか。ありがとう。それじゃあ、薬は結構」

エスニックジョークの魅力

ユダヤ人と並び、世界のジョーク界で「ケチキャラ」を演じているのがスコットランド人。スコットランド人の著名な人物と言えば、「経済学の父」ことアダム・スミス、蒸気機関の実用化に成功して産業革命の発展に寄与したジェームズ・ワット、電話機を発明したグラハム・ベルなど、経済界や実業界の錚々たる偉人が並ぶ。「鉄鋼王」ことアンドリュー・カーネギーもスコットランド生まれ。さらには現在、アメリカの銀行ではスコットランド系アメリカ人の行員が少なくない。

　こういった状況を含め、彼らの「活躍」こそが風刺を呼ぶ要因になったとも考えられる。日本においては江戸時代に「近江泥棒」「伊勢乞食」といった皮肉ある表現が存在したが、近江も伊勢も有力な商人を多く生んだ地。スコットランド人への風刺もこれと似た現象かもしれない。

人種や民族の違いを笑いのネタにしたものを「エスニックジョーク」と呼ぶが、とりわけイギリスではイングランド人、アイルランド人、スコットランド人の登場するネタが昔から親しまれている。

イングランド人は「プライドが高い」、アイルランド人は「おバカキャラ」といった配役が多い。ちなみにアメリカではポーランド人が「おバカキャラ」の座を務める。これはポーランド系の移民が、英語が下手だったことに起因するものらしい。

無論、彼らはお互いに心から罵り合っているわけではない。ジョークという枠組みの中で、それぞれの民族性を笑い合っているのである。

ネット社会の発展と共に、日本でも他者や他民族への心無い暴言や誹謗中傷が社会問題となっている。しかし、良識ある大人ならば最低限のユーモアやウイットを交えて、おかしみのある言葉を紡いでほしいもの。ユーモアとは「人を傷つけない滑稽な笑い」、ウイットとは「風刺や機知、理知的な笑い」のことを指す。

小学生の口喧嘩のようなことを大人がするのは、実にみっともない。

●輸血

イングランド人の男性が大ケガを負い、輸血されることになった。そこで血液型の一致したスコットランド人の友人が献血役となった。

輸血は三日間にわたって行われた。

初日、男性は友人にお礼として一〇〇ドル支払った。

二日目、男性は友人にお礼として五〇ドル支払った。

三日目、男性は友人にお礼として「ありがとう」とだけ言った。

輸血が順調に進んでいる証拠だった。

●スープ

アメリカ人と中国人とスコットランド人が、レストランへ行ってスープを注文した。

しかし、運ばれてきたスープの中には、それぞれハエが入っていた。

アメリカ人はウェイターにこう言った。

「こんなもの飲めるか！　法廷に訴えるからな」

中国人は何も気にすることなく、そのまま飲み干した。

スコットランド人は泣き出しそうな表情でハエを皿から取り出し、ハエに向かって言った。

「おい、冗談じゃないぜ！　吐き出せ、吐き出せよ！」

●意味が異なる

列車から降りる時、イングランド人は周囲に忘れ物がないか、よく確かめる。

スコットランド人も、周囲に忘れ物がないか、よく確かめる。

●赤い布地

スコットランド人の婦人が生地屋に入り、店員に言った。

「赤色の布をほしいんですけど」

「では、こちらの布はいかがでしょうか。この赤は今年の流行色です。とても美しい色合いですよ」

「でも、ちょっと派手じゃないかしら」

「では、こちらはいかがですか？」

「色はいいけれど、肌触りがイマイチね」

婦人はその後も「生地が薄い」とか「安っぽい」などと言って、なかなか決めなかった。そしてついに二時間が経った頃、婦人はようやく、

「これにするわ」

と言った。疲れ果てた店員が、

「では何メートルお切りしましょうか？」

と聞くと、婦人はこう答えた。

「一センチでいいわ。ネコのぬいぐるみの舌が取れただけだから」

●世界最薄

問い・世界で最も平べったいものとは？

答え・スコットランド人の家の歯磨き粉チューブ

●自殺

問い・スコットランド人の自殺方法とは？

答え・隣の家のガス管を咥える

●死因

スコットランド人の男性が急逝した。その哀しき原因は、以下の通りである。

ある夜、彼がバーで飲んでいた際、周囲の者たちが、

「スコットランド人というのは本当にケチだよ」

と笑っているのが聞こえた。郷土愛に溢れる彼は、なんとか見返してやろうと思い、決死の覚悟で彼ら全員に酒をおごってみせたのだった。

ところが、その翌日、彼はその店のバーテンダーからこう聞いた。

「ゆうべのお客さんたち、あなたのことをアイルランド人だと思ったようですよ」

それを聞いて彼はショック死したのである。

【家庭・家族】

●大変だ！

ある朝、スミス氏が目を覚ますと、隣のベッドで寝ていた妻が亡くなっていることに

気がついた。スミス氏は驚き、すぐにお手伝いさんに向かって叫んだ。

「おい！　大変だ！」

「どうなさいましたか、旦那さま？」

スミス氏が答えた。

「朝食のオムレツは一つでいいぞ」

●プレゼント

妻が夫に聞いた。

「私が誕生日にお願いしたのは新しいクルマよ。どうしてミンクのコートにしたの？」

夫が答えた。

「残念だけど、クルマのイミテーションというのはまだ発明されていないんだ」

●被害届

妻のクレジットカードが泥棒に盗まれた。しかし、夫は被害届を警察に出さなかった。

友人が不思議がって聞いた。

「なぜ、君は被害届を出さないんだい？」

夫が答えた。

「妻が持っている時よりも、使用額が少ないんだ」

●愛と金

愛のために結婚すれば、金のために離婚することになる。

金のために結婚すれば、愛のために離婚することになる。

●地獄の炎

夫を亡くした女性が司祭に聞いた。

「うちの人が地獄の炎から救われるには、いくらほど寄付すれば良いのでしょうか？」

「そうですね。少なくとも三〇〇ドルは必要になるでしょう」

「わかりました」

女性は三〇〇ドルを教会に寄付した。女性が改めて聞いた。

「これでうちの人は地獄の炎から救われたでしょうか？」

「まだ完全にというわけにはいきません。膝下くらいまでは炎に焼かれているでしょう」

するとと女性が答えた。

「なら、もういいわ。あの人、いつも足元が冷えるって言ってたから」

離婚の原因

日本の裁判所が公表している「婚姻関係事件数　申立ての動機別」の平成二十九（二〇一七）年度版によると、離婚の原因の第一位は「性格の不一致」。続く二位は「精神的な虐待」、そして三位が「生活費をわたさない」となっている。つまり、離婚理由の三番目に夫婦間の金銭トラブルが入っていることになる。「生活費をわたさない」という理由を挙げるのは、子育て中の女性が多いという。

さらに六位には「浪費」がランクイン。これもお金にまつわる離婚理由であるが、こちらは女性だけでなく男性のほうからの要因にもなっているという。

かの喜劇王、チャールズ・チャップリンは、

「人生で大切なことは、愛と勇気といくらかのお金だ」

と語っている。この「いくらかのお金」の額が男女や個人によって差のあることが、さまざまな諍いを生む要因となるのであろう。

ちなみに先のジョークのように、宗教とお金をネタにしたジョークは世界中でとても人気がある。

日本語では「信」と「者」を並べると「信者」だが、これを一語にまとめれば「儲」となる。宗教とお金を巡る問題は日本でも議論になっているが、言葉の中には貴重な教訓が含まれているのかもしれない。

ただし、これには諸説あり、「儲」という字は「人」と「諸」からできた言葉だという説もある。「諸」には「備える」「蓄える」といった意味があることから、「儲」は「余分なお金を持っている人」を表しているという。

●浪費

とある夫婦がケンカした。夫が言った。

「おまえの浪費がひどいから言っているんじゃないか」

「あら、冗談じゃないわよ」

妻が続けて言った。

「私はね、唯一の楽しみがお金を使うことなの。その他には何の贅沢もしていないわ」

●リゾート

若い夫婦。妻が夫に言った。

「私、最近、あまり気が晴れなくて。一週間くらい海辺のリゾートにバカンスに行きたいと思っているんだけど、いいかしら？」

夫は頭の中で考えた。妻に近寄る若い男たち。にぎやかなリゾート地でのアバンチュール。そして、なによりも随分とかかりそうな滞在費。思案する夫の様子を見て妻が言った。

「私、誓うわ。決して誘惑に乗るようなことはしない。毎日、あなたのことを考えて過ごすから」

それを聞いて、夫が言った。

「ならば相談だが、家で毎日、リゾートのことを考えて過ごすというわけにはいかないだろうか」

●いくら？

息子が父親に聞いた。

「ねえ、結婚っていくらくらいお金がかかるものなの？」

父親が答えた。

「わからないね。お父さんもまだ支払い中だから」

●コンタクトレンズ

中学生の男の子が家の前でバスケットボールをしていた際、誤って片方のコンタクトレンズを落としてしまった。男の子は辺りを探したが、見つけることはできなかった。彼は諦めて家に戻った。

話を聞いた母親が、改めてコンタクトレンズを探し始めた。すると、まもなくしてコンタクトレンズは見つかった。男の子が言った。

「おかしいなあ。僕も同じ場所を同じように探したんだけど」

母親が答えた。

「同じじゃないわよ」

母親が続けた。

「あなたは小さなプラスチック片を探していたんでしょう？　私は二〇〇ドルを探していたのよ」

●買えるもの、買えないもの

お金でベッドを買うことはできるが、睡眠を買うことはできない。

お金で時計を買うことはできるが、時間を買うことはできない。

お金で本を買うことはできるが、知識を買うことはできない。

お金で保険を買うことはできるが、安全を買うことはできない。

お金で家を買うことはできるが、家庭を買うことはできない。

最終章　欲と知恵——あとがきに代えて

●秘密

一人の男が教会で神父にこう打ち明けた。

「神父さま、許してください。私は重大な罪を犯してしまいました」

「何だね？」

「私は第二次世界大戦の時、官憲の目を盗んで多くのユダヤ人を屋根裏部屋に匿っていました」

神父は微笑んで言った。

「それは罪ではありませんよ」

「しかし、私は彼らに月一〇ドルの家賃を求めたのです」

「なるほど。お金を取ったことはいけませんね。しかし、それでもあなたは良いことをしたと思いますよ」

男はようやく笑みを見せ、そして言った。

「神父さまにそう言っていただき、心が軽くなりました。本当にありがとうございました。では、ついでにもう一つ聞いてもよろしいでしょうか」

「もちろん」

男は言った。

「戦争が終わったことは、もう話さなければいけませんか?」

●最高の知恵

とある神父の前に神さまが現れて言った。

「おまえはこれまで聖職者として立派に生きてきた。その褒美として、一つだけ願いを叶えてやろう。一生遊んで暮らせるだけのお金か、それとも世界最高の知恵か、どちらか選びなさい」

神父は迷うことなく「世界最高の知恵」を選んだ。神さまは、

「わかった。それでは叶えてやろう」

と言って微笑んだ。すると神父の周囲は神々しい光に包まれた。

神父が気が付くと、神さまの姿はすでに消えていた。神父は立ち尽くしたまま、しばらく何事か考えていた。そして神父はこうつぶやいた。

「お金を選べば良かった」

金銭欲と世界最高の知恵

お金や富にまつわる議論は、人間に「それなりの知恵」が芽生えて以降、ずっと存在したようだ。紀元前ローマの思想家であったマルクス・トゥッリウス・キケロはこう記している。

「金銭に対する欲は避くべし。富を愛するほどに狭量かつ卑しき精神はなし」

古来、日本でも過剰な金銭欲を戒める思想が、脈々と受け継がれてきた。天台宗の僧侶である源信が寛和元（九八五）年に著した仏教書『往生要集』には、以下の一文がある。

「足ることを知らば貧といへども富と名づくべし、財ありとも欲多ければこれを貧と名づく」

その一方で、こんな言葉もある。イギリスの小説家、ジョージ・ギッシングの箴言である。

「人々はお金で貴いものは買えないと言う。そういう決まり文句こそ、貧乏を経験したことのない何よりの証拠だ」

太古より、「お金との上手なつきあい方」への模索は、延々と繰り返されてきた。いまだ

「最適解」が見つからないのは、人類が現状、「世界最高の知恵」を手にしていないからなのか。

理不尽だらけの仮初《かりそ》めの「憂き世」を「どうせ儚《はかな》い世の中ならば、浮き浮きと楽しく生きよう」と「浮き世」という表記に昇華させた日本人の知恵。どうすればお金に縛られることなく、豊かに楽しく生きられるのか。答えは一つではないだろう。

私が思うのは、「お金との上手なつきあい方」を身につけることができれば、それは「憂き世」を「浮き世」にする一歩になり得るのではないかということだ。「マネージョーク」がそのためのささやかな処方箋となれば嬉しい。

では、本書の最後に、江戸時代後期の狂歌師である天広丸《あまのひろまる》の作品を一つ。

心あらば　手向けてくれよ　酒と水
　　　銭のある人　銭のない人

本書の大半は書き下ろしですが、一部は『ニューズウィーク日本版』で連載中のコラム「たかがジョーク　されどジョーク」に、加筆したものです。

ラクレとは…la clef=フランス語で「鍵」の意味です。
情報が氾濫するいま、時代を読み解き指針を示す
「知識の鍵」を提供します。

中公新書ラクレ
783

世界《せかい》のマネージョーク集《しゅう》

笑《わら》って学《まな》ぶお金《かね》とのつきあい方《かた》

2023年 1 月10日発行

著者……早坂《はやさか》 隆《たかし》

発行者……安部順一
発行所……中央公論新社
〒100-8152 東京都千代田区大手町 1-7-1
電話……販売 03-5299-1730　編集 03-5299-1870
URL https://www.chuko.co.jp/

本文印刷……三晃印刷
カバー印刷……大熊整美堂
製本……小泉製本

Published by CHUOKORON-SHINSHA, INC.
Printed in Japan　ISBN978-4-12-150783-9　C1236

中公新書ラクレ　好評既刊

L202
世界の日本人ジョーク集
早坂　隆　著

世界から憧憬の眼差しが注がれる経済大国？　それとも、物真似上手のエコノミック・アニマル？　地球各地で収集したジョークの数々を紹介しながら、異国から見た真の日本人像を描き出す。『世界の紛争地ジョーク集』（ラクレ124）、『世界反米ジョーク集』（同164）に続く第三弾は、問い合わせの多かった「日本人をネタにしたもの」を満載。笑って知って、また笑う。一冊で二度おいしい本。知的なスパイスの効いた爆笑ネタを、ぜひご賞味あれ！

L400
100万人が笑った！「世界のジョーク集」傑作選
早坂　隆　著

今こそ平成の笑いの力を！　腹の底から笑って、不安な気持ちを吹き飛ばそう。累計100万部突破のジョーク・シリーズ。6冊の中から、珠玉のジョークをセレクト。笑いは社会の潤滑油となり、生きる力となる。「変に難しい理屈の本よりも、明るさがあって素直に心に届くようなものを今は読みたい」という読者の声から生まれた一冊。「『笑い』こそが、人類が絶望の歴史の末に見出した、最大の生きる術なのだ」（「あとがき」より）

L720
世界の日本人ジョーク集　令和編
早坂　隆　著

累計100万部突破の定番シリーズが、令和に時を移して再登場。菅総理が就任し、トランプ大統領は退任、そして世界を覆うコロナの影……。混迷が続く今、日本人が登場するさまざまなジョークを土台にしながら、平成から令和への移り変わりを描く。国際社会で、存在感はあるのかないのか？　科学技術大国は健在？　日本人というキャラクターは、どのような「キャラ変」を遂げたのか。浮き彫りになる日本人のお国柄を、笑いとともに見直そう！